3rd Grade

SPA TEKS MATH TEST PREP for

STAAR

INTRODUCTION

Our 3rd Grade TEKS Math Test Prep for STAAR is an excellent resource to supplement your classroom's curriculum to assess and manage students' understanding of concepts outlined in the 2014-2015 TEKS STAAR Reporting Standards. This resource is divided into three sections: Diagnostic, Practice, and Assessment with multiple choice questions in each section. We recommend you use the Diagnostic section as a tool to determine the students' areas that need to be retaught. We also recommend you encourage your students to show their work to determine _how_ and _why_ the student arrived at an answer. The Practice section should be used to strengthen the students' knowledge by re-testing the standard to ensure comprehension of each standard. To ensure students' apply taught concepts in the classroom, we advise you use the Assessment section as a final test to verify the students' have mastered the standard.

This resource contains over 800 practice problems aligned to the 2014-2015 TEKS STAAR Reporting Standards. To view the reporting standards, refer to pages _i_ through _v_.

Indicates the section of the book.

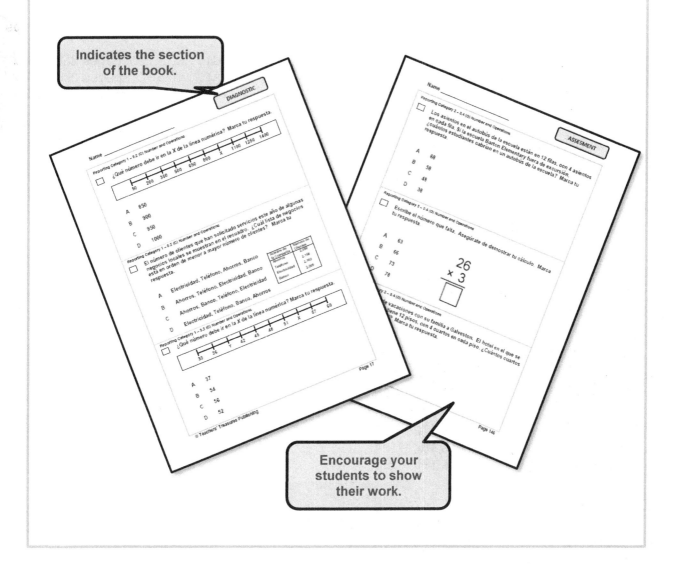

Encourage your students to show their work.

3rd Grade
SPANISH
TEKS
Math Test Prep
FOR
STAAR

Reporting Category 1: Numerical Representations and Relationships

The student will demonstrate an understanding of how to represent and manipulate numbers and expressions.

(3.2) **Number and operations**. The student applies mathematical process standards to represent and compare whole numbers and understand relationships related to place value. The student is expected to:

- (A) compose and decompose numbers up to 100,000 as a sum of so many ten thousands, so many thousands, so many hundreds, so many tens, and so many ones using objects, pictorial models, and numbers, including expanded notation as appropriate;
Readiness Standard
- (B) describe the mathematical relationships found in the base-10 place value system through the hundred thousands place;
Supporting Standard
- (C) represent a number on a number line as being between two consecutive multiples of 10; 100; 1,000; or 10,000 and use words to describe relative size of numbers in order to round whole numbers;
Supporting Standard
- (D) compare and order whole numbers up to 100,000 and represent comparisons using the symbols >, <, or =. *Readiness Standard*

(3.3) **Number and operations**. The student applies mathematical process standards to represent and explain fractional units. The student is expected to:

- (A) represent fractions greater than zero and less than or equal to one with denominators of 2, 3, 4, 6, and 8 using concrete objects and pictorial models, including strip diagrams and number lines;
Supporting Standard
- (B) determine the corresponding fraction greater than zero and less than or equal to one with denominators of 2, 3, 4, 6, and 8 given a specified point on a number line; *Supporting Standard*
- (C) explain that the unit fraction $1/b$ represents the quantity formed by one part of a whole that has been partitioned into b equal parts where b is a non-zero whole number; *Supporting Standard*
- (D) compose and decompose a fraction a/b with a numerator greater than zero and less than or equal to b as a sum of parts $1/b$;
Supporting Standard
- (E) solve problems involving partitioning a n object or a set of objects among two or more recipients using pictorial representations of fractions with denominators of 2, 3, 4, 6, and 8;
Supporting Standard

(F)   represent equivalent fractions with denominators of 2, 3, 4, 6, and 8 using a variety of objects and pictorial models, including number lines; *Readiness Standard*

(G)   explain that two fractions are equivalent if and only if they are both represented by the same point on the number line or represent the same portion of a same size whole for an area model; *Supporting Standard*

(H)   compare two fractions having the same numerator or denominator in problems by reasoning about their sizes and justifying the conclusion using symbols, words, objects, and pictorial models. *Readiness Standard*

(3.4) Number and operations. The student applies mathematical process standards to develop and use strategies and methods for whole number computations in order to solve problems with efficiency and accuracy. The student is expected to:

(I)   determine if a number is even or odd using divisibility rules. *Supporting Standard*

(3.7) Geometry and measurement. The student applies mathematical process standards to select appropriate units, strategies, and tools to solve problems involving customary and metric measurement. The student is expected to:

(A)   represent fractions of halves, fourths, and eighths as distances from zero on a number line. *Supporting Standard*

Reporting Category 2: Computations and Algebraic Relationships

The student will demonstrate an understanding of how to perform operations and represent algebraic relationships.

(3.4) Number and operations. The student applies mathematical process standards to develop and use strategies and methods for whole number computations in order to solve problems with efficiency and accuracy. The student is expected to:

(A)   solve with fluency one-step and two-step problems involving addition and subtraction within 1,000 using strategies based on place value, properties of operations, and the relationship between addition and subtraction; *Readiness Standard*

(B)   round to the nearest 10 or 100 or use compatible numbers to estimate solutions to addition and subtraction problems; *Supporting Standard*

(D)   determine the total number of objects when equally sized groups of objects are combined or arranged in arrays up to 10 by 10; *Supporting Standard*

(E)   represent multiplication facts by using a variety of approaches such as repeated addition, equal-sized groups, arrays, area models, equal jumps on a number line, and skip counting; *Supporting Standard*

(F) recall facts to multiply up to 10 by 10 with automaticity and recall the corresponding division facts; *Supporting Standard*

(G) use strategies and algorithms, including the standard algorithm, to multiply a two-digit number by a one-digit number. Strategies may include mental math, partial products, and the commutative, associative, and distributive properties; *Supporting Standard*

(H) determine the number of objects in each group when a set of objects is partitioned into equal shares or a set of objects is shared equally; *Supporting Standard*

(J) determine a quotient using the relationship between multiplication and division; and *Supporting Standard*

(K) solve one-step and two-step problems involving multiplication and division within 100 using strategies based on objects; pictorial models, including arrays, area models, and equal groups; properties of operations; or recall of facts. *Readiness Standard*

(3.5) Algebraic reasoning. The student applies mathematical process standards to analyze and create patterns and relationships. The student is expected to:

(A) represent one- and two-step problems involving addition and subtraction of whole numbers to 1,000 using pictorial models, number lines, and equations; *Readiness Standard*

(B) represent and solve one- and two-step multiplication and division problems within 100 using arrays, strip diagrams, and equations; *Readiness Standard*

(C) describe a multiplication expression as a comparison such as 3 x 24 represents 3 times as much as 24; *Supporting Standard*

(D) determine the unknown whole number i n a multiplication or division equation relating three whole numbers when the unknown is either a missing factor or product; and *Supporting Standard*

(E) represent real-world relationships using number pairs in a table and verbal descriptions. *Readiness Standard*

Reporting Category 3: Geometry and Measurement

The student will demonstrate an understanding of how to represent and apply geometry and measurement concepts.

(3.6) Geometry and measurement. The student applies mathematical process standards to analyze attributes of two-dimensional geometric figures to develop generalizations about their properties. The student is expected to:

(A) classify and sort two- and three-dimensional figures, including cones, cylinders, spheres, triangular and rectangular prisms, and cubes, based on attributes using formal geometric language; ***Readiness Standard***

(B)   use attributes to recognize rhombuses, parallelograms, trapezoids, rectangles, and squares as examples of quadrilaterals and draw examples of quadrilaterals that do not belong to any of these subcategories; ***Supporting Standard***

(C)   determine the area of rectangles with whole number side lengths in problems using multiplication related to the number of rows times the number of unit squares in each row; ***Readiness Standard***

(D)   decompose composite figures formed by rectangles into non-overlapping rectangles to determine the area of the original figure using the additive property of area; ***Supporting Standard***

(E)   decompose two congruent two-dimensional figures into parts with equal areas and express the area of each part as a unit fraction of the whole and recognize that equal shares of identical wholes need not have the same shape. ***Supporting Standard***

(3.7) **Geometry and measurement.** The student applies mathematical process standards to select appropriate units, strategies, and tools to solve problems involving customary and metric measurement. The student is expected to:

(B)   determine the perimeter o f a polygon or a missing length when given perimeter and remaining side lengths in problems; ***Readiness Standard***

(C)   determine the solutions to problems involving addition and subtraction of time intervals in minutes using pictorial models or tools such as a 15-minute event plus a 30-minute event equals 45 minutes; ***Supporting Standard***

(D)   determine when it is appropriate to use measurements of liquid volume (capacity) or weight; and ***Supporting Standard***

(E)   determine liquid volume (capacity) or weight using appropriate units and tools. ***Supporting Standard***

Reporting Category 4: Data Analysis and Personal Financial Literacy

The student will demonstrate an understanding of how to represent and analyze data and how to describe and apply personal financial concepts.

(3.4) **Number and operations.** The student applies mathematical process standards to develop and use strategies and methods for whole number computations in order to solve problems with efficiency and accuracy. The student is expected to:

(C)   determine the value of a collection of coins and bills. ***Supporting Standard***

(3.8) **Data analysis.** The student applies mathematical process standards to solve problems by collecting, organizing, displaying, and interpreting data. The student is expected to:

(A)   summarize a data se t with multiple categories using a frequency table, dot plot, pictograph, or bar graph with scaled intervals; and
Readiness Standard

(B)   solve one- and two-step problems using categorical data represented with a frequency table, dot plot, pictograph, or bar graph with scaled intervals.
Supporting Standard

Reporting Category 1 – 3.2 (A) Number and Operations

☐ Cada símbolo representa un número. ¿Qué número es igual al total de símbolos? Marca tu respuesta.

 = 100   = 10 ☺ = 1

A   47

C   11

B   407

D   4007

Reporting Category 1 – 3.2 (A) Number and Operations

☐ ¿De qué otra forma se puede escribir el número que se muestra abajo? Marca tu respuesta.

A   1 + 4 + 5

B   100 + 4 + 5

C   100 + 40 + 50

D   100 + 40 + 5

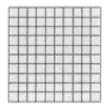 

Reporting Category 1 – 3.2 (A) Number and Operations

☐ ¿Cuál es la forma común para escribir ochocientos cuarenta y ocho? Marca tu respuesta.

A   8,048

B   848

C   80,048

D   884

Reporting Category 1 – 3.2 (A) Number and Operations

☐ **¿Cuál es la forma común de 3000 + 400 + 20 + 9? Marca tu respuesta.**

A   3,429

B   3,249

C   34,209

D   3,049

Reporting Category 1 – 3.2 (A) Number and Operations

☐ **¿De qué otra forma se puede escribir el número que se muestra abajo?
Marca tu respuesta.**

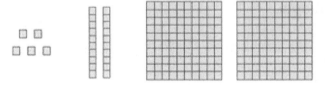

A   5 + 2 + 2   C   5 + 2 + 20

B   200 + 20 + 5   D   2000 + 20 + 5

Reporting Category 1 – 3.2 (A) Number and Operations

☐ **¿Cómo se puede descomponer el número 1,369? Marca tu respuesta.**

A   1,000 + 300 + 80 + 9

B   1 + 3+ 6 + 9

C   500 + 500 + 300 + 50 + 10 + 9

D   800 + 500 + 50 + 19

Reporting Category 1 – 3.2 (A) Number and Operations

☐ ¿Cómo compones el número de abajo? Marca tu respuesta.

500 + 100 + 50 + 9

A   500,100,059

B   669

C   500,159

D   659

Reporting Category 1 – 3.2 (A) Number and Operations

☐ ¿Cuál serie es igual a la parte sombreada de la serie de abajo? Marca tu respuesta.

A    C

B    D

Reporting Category 1 – 3.2 (A) Number and Operations

☐ ¿De qué otra forma se puede escribir el número que se muestra abajo? Marca tu respuesta.

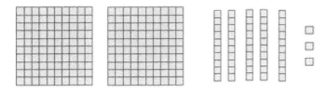

A   2 + 5 + 3   C   2000 + 50 + 3

B   20 + 50 + 3   D   200 + 50 + 3

Reporting Category 1 – 3.2 (A) Number and Operations

☐ ¿Cuál de las siguientes series es igual a 98,542? Marca tu respuesta.

A   90,000 + 8,000 + 500 + 4 + 2

B   9,000 + 800 + 50 + 4+ 2

C   90,000 + 8,000 + 50 + 40 + 2

D   90,000 + 8,000 + 500 + 40 + 2

Reporting Category 1 – 3.2 (A) Number and Operations

☐ La ciudad natal de María tiene una población de cincuenta mil trescientos dos. ¿Cómo se escribe esto en forma expandida? Marca tu respuesta.

A   50,000 + 3000 + 200 + 2

B   5,000 + 300 + 2

C   50,000 + 300 + 2

D   50,000 + 300 + 20

Reporting Category 1 – 3.2 (A) Number and Operations

☐ ¿De qué otra forma se puede escribir el número que se muestra abajo? Marca tu respuesta.

A   400 + 40 + 9   C   400 + 30 + 6

B   400 + 30 + 9   D   4000 + 30 + 9

Reporting Category 1 – 3.2 (A) Number and Operations

☐ ¿Cuál de los siguientes es igual a 9,050? Marca tu respuesta.

A   9,000 + 05 + 50

B   9,000 + 50

C   9 + 0 + 5 + 0

D   90 + 50

Reporting Category 1 – 3.2 (A) Number and Operations

☐ Si = 1000, 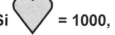 = 100, = 10, y = 1, ¿cuál de los

siguientes números es lo mismo que el total de símbolos de abajo?
Marca tu respuesta.

A   3,243   C   3,000,200,403

B   3,234   D   12

Reporting Category 1 – 3.2 (A) Number and Operations

☐ Hay trescientos sesenta y cinco días en un año. ¿De qué otra forma se
puede escribir este número? Marca tu respuesta.

A   300,65

B   3,065

C   300,065

D   365

Reporting Category 1 – 3.2 (A) Number and Operations

☐ ¿Cuál es la forma común de 40,000 + 70 + 8?   Marca tu respuesta.

A   4,078

B   40,780

C   40,078

D   40,708

Reporting Category 1 – 3.2 (A) Number and Operations

☐ ¿Cuál serie es igual a la parte sombreada de la serie de abajo? Marca tu respuesta.

A      C

B   D

Reporting Category 1 – 3.2 (A) Number and Operations

☐ ¿Cuál de las siguientes adiciones suma 5,208? Marca tu respuesta.

A   500 + 20 + 8

B   50 + 20 + 8

C   5000 + 200 + 8

D   5000 + 20 + 8

Reporting Category 1 – 3.2 (A) Number and Operations

Si  = 1000, = 100, y = 10, ¿cuál de los siguientes números es igual a todos los símbolos de la serie de abajo? Marca tu respuesta.

A   5,603   C   14

B   5,630   D   500,060,030

Reporting Category 1 – 3.2 (A) Number and Operations

¿Cuál es la forma común de 100,000 + 700 + 4? Marca tu respuesta.

A   1,074

B   100,047

C   10,704

D   100,704

Reporting Category 1 – 3.2 (A) Number and Operations

¿De qué otra forma se puede escribir el número que se muestra abajo? Marca tu respuesta.

A   5 + 2 + 6   C   50 + 30 + 6

B   500 + 30 + 6   D   500 + 20 + 6

Reporting Category 1 – 3.2 (A) Number and Operations

[ ]   ¿Cuál de las siguientes es igual a 25,840? Marca tu respuesta.

A   25,000 + 840

B   25,000 + 800 + 40

C   25 + 84

D   2,000 + 500 + 84

Reporting Category 1 – 3.2 (A) Number and Operations

[ ]   ¿Cuál es la forma común de 70,000 + 500 + 90 + 6?   Marca tu respuesta.

A   75,096

B   70,596

C   7,596

D   70,569

Reporting Category 1 – 3.2 (A) Number and Operations

[ ]   ¿Cuál serie es igual a la parte sombreada de la serie de abajo? Marca tu respuesta.

A

B

C

D

Name _____

Reporting Category 1 – 3.2 (B) Number and Operations

¿Qué numero es igual a quinientos veinte mil trescientos quince? Marca tu respuesta.

A   502,315

B   520,300,015

C   500,020,315

D   520,315

¿Qué número es igual a seiscientos trece mil cuatrocientos diez? Marca tu respuesta.

A   600,013,410

B   6,013,410

C   613,410

D   613,400,010

Reporting Category 1 – 3.2 (B) Number and Operations

¿Cuántos popotes hay aquí? Marca tu respuesta.

A   9

B   44

C   90

D   904

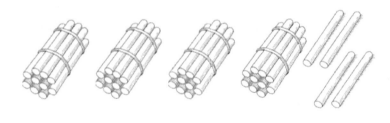

Reporting Category 1 – 3.2 (B) Number and Operations

Roberto escaló una montaña de nueve mil quinientos sesenta y un pies de altura. ¿Cómo se escribe ese número? Marca tu respuesta.

A   9,000,561

B   950,061

C   9,561

D   90,561

Reporting Category 1 – 3.2 (B) Number and Operations

☐ **Observa la base de diez bloques.**

Si 4 ▭▭▭▭ se quitan del grupo de decenas, ¿Qué número se mostraría? Marca tu respuesta.

A   272   C   480

B   110   D   642

Reporting Category 1 – 3.2 (B) Number and Operations

☐ **¿Cómo se escribe con letra el número 502,000? Marca tu respuesta.**

A   Cinco mil doscientos

B   Quinientos dos mil

C   Quinientos dos

D   Cincuenta y dos mil

Reporting Category 1 – 3.2 (B) Number and Operations

☐ **Hay novecientas ochenta páginas en el directorio telefónico. ¿Cómo se escribe ese número? Marca tu respuesta.**

A   980

B   90,080

C   908

D   900,080

Name _____

☐ Corey escribió un número con un 5 en el lugar de los millares, un 3 en el lugar de las centenas, y un 7 en el lugar de las unidades. ¿Qué número pudo haber escrito Corey? Marca tu respuesta.

A   7,530

B   3,570

C   5,370

D   5,307

☐ ¿Qué numero tiene un 7 en el lugar de las centenas? Marca tu respuesta.

A   700,049

B   525,721

C   327,070

D   290,857

☐ ¿Qué numero tiene un 1 en el lugar de las centenas? Marca tu respuesta.

A   405,167

B   213,459

C   109,556

D   571,324

☐ ¿Qué número es igual a nueve mil quinientos veinte? Marca tu respuesta.

A   95,020

B   9,520

C   90.520

D   9,000,052

Reporting Category 1 – 3.2 (B) Number and Operations

☐ ¿Qué número es igual a trescientos sesenta y cinco mil, dos? Marca tu respuesta.

A   300,652

B   3,652

C   365,200

D   365,002

☐ ¿Qué número es igual a ochocientos siente mil veintidós? Marca tu respuesta.

A   870,220

B   807,022

C   8,722

D   800,722

Reporting Category 1 – 3.2 (B) Number and Operations

☐ ¿Qué número tiene un 3 en el lugar de las centenas? Marca tu respuesta.

A   45,238

B   83,420

C   24,380

D   35,258

Reporting Category 1 – 3.2 (B) Number and Operations

☐ ¿Cuántos popotes hay aquí? Marca tu respuesta.

A   15

B   780

C   78

D   150

Reporting Category 1 – 3.2 (B) Number and Operations

Observa la base de diez bloques.

Si 2 ▭▭▭▭▭ se quitan del grupo de decenas, ¿qué número mostraría?
Marca tu respuesta.

A   706   C   504

B   724   D   526

Reporting Category 1 – 3.2 (B) Number and Operations

¿Cómo se escribe el número 330,010 en letras? Marca tu respuesta.

A   Trescientos treinta mil, diez

B   Tres mil treinta, diez

C   Trescientos treinta, diez mil

D   Tres treinta mil, diez

Reporting Category 1 – 3.2 (B) Number and Operations

¿Cuál número es igual a ocho mil doce? Marca tu respuesta.

A   800,012

B   8,012

C   80,012

D   8,000,012

Reporting Category 1 – 3.2 (B) Number and Operations

☐ Tabitha escribió un número secreto en el pizarrón para que los alumnos lo adivinaran. Ella dijo que el número tenía un 9 en el lugar de los millares, un 2 en el lugar de las centenas, y un 0 en el lugar de las unidades. ¿Qué número pudo haber escrito Tabitha? Marca tu respuesta.

A   9,020

B   920

C   9,200

D   2,090

Reporting Category 1 – 3.2 (B) Number and Operations

☐ ¿Qué número es igual a seis mil trescientos tres? Marca tu respuesta.

A   600,033

B   6,303

C   6,033

D   63,003

Reporting Category 1 – 3.2 (B) Number and Operations

☐ ¿Cómo se escribe el número 790,005 en letras? Marca tu respuesta.

A   Setenta y nueve mil, cinco

B   Setecientos nueve, cinco

C   Setecientos noventa mil, cinco

D   Setecientos noventa, cinco

Name _____

Reporting Category 1 – 3.2 (B) Number and Operations

☐ El número de la casa de Juan tiene un 6 en el lugar de las decenas de millar. ¿Qué número puede ser la casa de Juan? Marca tu respuesta.

A   96,906

B   60,987

C   54,679

D   32,362

Reporting Category 1 – 3.2 (B) Number and Operations

☐ ¿Qué número es igual a tres mil cuatrocientos seis? Marca tu respuesta.

A   3,000,406

B   3,406

C   30,046

D   300,040,026

☐ ¿Qué número es igual a mil doscientos ochenta y cinco? Marca tu respuesta.

A   1,285

B   1,000,285

C   100,285

D   1,000,200,085

Reporting Category 1 – 3.2 (B) Number and Operations

☐ ¿Cuántos popotes hay aquí? Marca tu respuesta.

A   56

B   506

C   110

D   11

Reporting Category 1 – 3.2 (B) Number and Operations

☐ **Observa la base de diez bloques.**

Si 4 ▭▭▭▭ se quitan del grupo de decenas, ¿qué número mostraría? Marca tu respuesta.

A   177   C   567

B   573   D   537

Reporting Category 1 – 3.2 (B) Number and Operations

☐ **Cuando Shelton resolvió la suma que su maestro escribió en el pizarrón, su respuesta fue seis mil cuatrocientos nueve. ¿Qué número pudo haber escrito Shelton como respuesta? Marca tu respuesta.**

A   4,693

B   6,046

C   6,049

D   6,409

Reporting Category 1 – 3.2 (B) Number and Operations

☐ **¿Qué número es igual a veinte mil cuatrocientos sesenta? Marca tu respuesta.**

A   20,460

B   20,406

C   200,460

D   2,040,060

Reporting Category 1 – 3.2 (C) Number and Operations

¿Qué número debe ir en la *X* de la línea numérica? Marca tu respuesta.

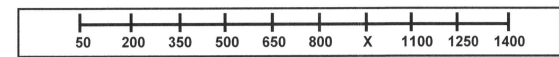

| | | | | | | | | | |
| 50 | 200 | 350 | 500 | 650 | 800 | X | 1100 | 1250 | 1400 |

A   850

B   900

C   950

D   1000

Reporting Category 1 – 3.2 (C) Number and Operations

El número de clientes que han solicitado servicios este año de algunas negocios locales se muestran en el recuadro. ¿Cuál lista de negocios está en orden de *menor* a *mayor* número de clientes? Marca tu respuesta.

A   Electricidad, Teléfono, Ahorros, Banco

B   Ahorros, Teléfono, Electricidad, Banco

C   Ahorros, Banco, Teléfono, Electricidad

D   Electricidad, Teléfono, Banco, Ahorros

Nombre de la Compañía	Número de Clientes
Ahorros	2,059
Teléfono	2,158
Electricidad	2,163
Banco	2,095

Reporting Category 1 – 3.2 (C) Number and Operations

¿Qué número debe ir en la *X* de la línea numérica? Marca tu respuesta.

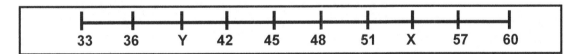

| | | | | | | | | | |
| 33 | 36 | Y | 42 | 45 | 48 | 51 | X | 57 | 60 |

A   37

B   54

C   56

D   52

Reporting Category 1 – 3.2 (C) Number and Operations

☐ **Encuentra el número que está entre el 2,059 y el 2,145.**

2,059		2,145

A   2,162

B   2,057

C   2,101

D   2,147

☐ **Encuentra el número que está entre el 3,985 y el 4,110.**

3,985		4,110

A   3,982

B   4,111

C   4,120

D   4,101

Reporting Category 1 – 3.2 (C) Number and Operations

☐ **¿Cuál es el tercer número más grande que se encuentra en el recuadro? Marca tu respuesta.**

A   1,175

B   1,050

C   1,101

D   1,100

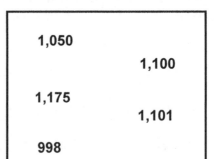

```
1,050
              1,100
1,175
              1,101
998
```

Reporting Category 1 – 3.2 (C) Number and Operations

☐ **¿Qué número debe ir en la S de la línea numérica? Marca tu respuesta.**

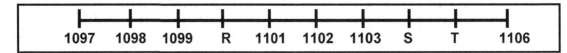

1097   1098   1099   R   1101   1102   1103   S   T   1106

A   1100

B   1105

C   1107

D   1104

Reporting Category 1 – 3.2 (C) Number and Operations

El Sr. Torres le pidió a Broderic contar el número de cajas de soda que había en la bodega. Broderic recabó la información y la puso en el siguiente recuadro. ¿Cómo se pueden enlistar estas sodas, en orden de menor a mayor número de cajas? Marca tu respuesta.

A   Pepsi, Coke, Dr. Pepper, 7-Up

B   Dr. Pepper, Coke, 7-Up, Pepsi

C   7-Up, Pepsi, Coke, Dr. Pepper

D   Dr. Pepper, Coke, Pepsi, 7-Up

Nombre de la Soda	Número de Cajas
Dr. Pepper	1,094
7-Up	1,142
Coke	1,099
Pepsi	1,110

Reporting Category 1 – 3.2 (C) Number and Operations

¿Qué número debe ir en la *X* de la línea numérica? Marca tu respuesta.

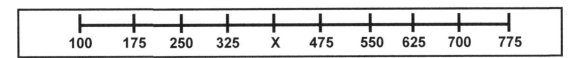

100   175   250   325   X   475   550   625   700   775

A   425

B   375

C   475

D   400

Reporting Category 1 – 3.2 (C) Number and Operations

¿Cuál es el segundo número menor que se encuentra en el recuadro? Marca tu respuesta.

A   12,001

B   12,050

C   12,601

D   12,872

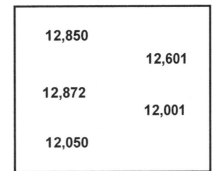

12,850

12,601

12,872

12,001

12,050

Reporting Category 1 – 3.2 (C) Number and Operations

☐ Encuentra el número que
está entre el 5,661 y el 5,111.

5,661		5,111

A   5,110

B   5,101

C   5,112

D   5,066

☐ Encuentra el número que está
entre el 1,275 y el 1,124.

1,275		1,124

A   1,572

B   1,142

C   1,277

D   1,069

Reporting Category 1 – 3.2 (C) Number and Operations

☐ Cuatro estudiantes del Salón 23 hicieron un cuadro que muestra su peso.
¿Cuál lista de alumnos está en orden de *menor* a *mayor* peso en libras?
Marca tu respuesta.

A   Trevor, Denise, Fernando, Reshell

B   Reshell, Fernando, Denise, Trevor

C   Denise, Fernando, Trevor, Reshell

D   Reshell, Fernando, Trevor, Denise

Salón 23

Alumnos	Peso en Libras
Reshell	95
Trevor	110
Fernando	99
Denise	101

Reporting Category 1 – 3.2 (C) Number and Operations

☐ La letra *R* representa ¿qué número en la línea numérica? Marca tu
respuesta.

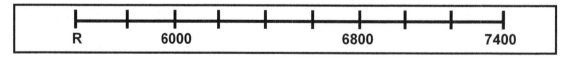

A   5500

B   5600

C   5700

D   5800

Reporting Category 1 – 3.2 (C) Number and Operations

¿Qué número debe ir en la *X* de la línea numérica? Marca tu respuesta.

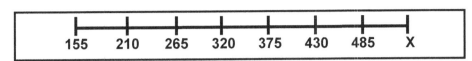

| 155 | 210 | 265 | 320 | 375 | 430 | 485 | X |

A   540

B   585

C   500

D   525

Reporting Category 1 – 3.2 (C) Number and Operations

La tabla de abajo muestra el número y clase de películas rentadas durante un año por la familia Rogers. Ellos rentaron más de 334, pero menos de 337 ¿de qué clase de películas? Marca tu respuesta.

A   Dibujos animados

B   Misterio

C   Comedia

D   Acción

Tipo de Película	Número Rentado
Misterio	358
Acción	385
Dibujos animados	353
Comedia	335

Reporting Category 1 – 3.2 (C) Number and Operations

¿Cuál es el segundo número más grande encontrado en el recuadro? Marca tu respuesta.

A   110,252

B   110,225

C   101,250

D   101,025

110,225

110,205

110,252

101,025

101,250

Reporting Category 1 – 3.2 (C) Number and Operations

☐ Encuentra el número que está entre el 3,040 y el 3,127.

| 3,040 | | 3,127 |

A   3,099

B   3,014

C   3,226

D   2,990

☐ Encuentra el número que está Entre el 1,679 y el 1,560.

| 1,679 | | 1,560 |

A   1,777

B   1,552

C   1,577

D   1,558

Reporting Category 1 – 3.2 (C) Number and Operations

☐ La tabla de abajo muestra el número de cada sabor de galleta elaborada la semana pasada en la panadería. La panadería hornea más de 830 pero menos de 836 ¿de qué clase de galletas? Marca tu respuesta.

A   Avena

B   Azúcar

C   Chispas de Chocolate

D   Coco

Sabor de Galleta	Número Horneado
Chispas de Chocolate	893
Avena	839
Azúcar	833
Coco	883

Reporting Category 1 – 3.2 (C) Number and Operations

☐ Observa la línea numérica. ¿Qué número pertenece donde se ve la letra Z? Marca tu respuesta.

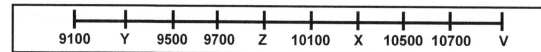

A   9800

B   10000

C   10200

D   9900

Reporting Category 1 – 3.2 (C) Number and Operations

☐ **Encuentra el número que está entre el 984 y el 1,255.**

984		1,255

A   1,158

B   965

C   1,256

D   1,300

☐ **Encuentra el número que está entre el 13,625 y el 14,002.**

13,625		14,002

A   14,003

B   13,598

C   13,954

D   14,100

Reporting Category 1 – 3.2 (C) Number and Operations

☐ **¿Cuál es el cuarto número más grande encontrado en el recuadro? Marca tu respuesta.**

A   1,175

B   1,050

C   1,101

D   1,100

1,050
1,100
1,175
1,101
998

Reporting Category 1 – 3.2 (C) Number and Operations

☐ **¿Qué número debe ir en el lugar de la letra U en la tabla numérica? Marca tu respuesta.**

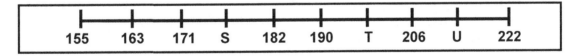

| 155 | 163 | 171 | S | 182 | 190 | T | 206 | U | 222 |

A   179

B   199

C   198

D   214

Reporting Category 1 – 3.2 (C) Number and Operations

☐ ¿Qué número debe ir en el lugar de la letra **Z** en la tabla numérica? Marca tu respuesta.

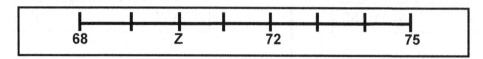

A   70

B   69

C   72

D   71

Reporting Category 1 – 3.2 (C) Number and Operations

☐ Una tienda de electrodomésticos tiene ofertas. ¿De cuál electrodoméstico vendió la tienda más de 321 pero menos de 337? Marca tu respuesta.

A   Refrigerador

B   LCD TV

C   Horno

D   Lavatrastos

Electrodoméstico	Número Vendido
Refrigerador	338
Horno	319
Lavatrastos	320
LCD TV	334

Reporting Category 1 – 3.2 (C) Number and Operations

☐ La tabla de abajo muestra el número de tartas vendidas en una campaña de recaudación escolar de fondos, en mayo. ¿Qué clase de tartas vendió la escuela más de 199 pero menos de 215? Marca tu respuesta.

A   Nuez

B   Chocolate

C   Limón

D   Coco

Sabor de Tarta	Número Vendido
Chocolate	215
Coco	197
Nuez	199
Limón	205

Reporting Category 1 – 3.2 (D) Number and Operations

☐ ¿Cuál grupo de números está en orden de *mayor a menor*? Marca tu respuesta.

A   20,988   20,965   20,824   20,636

B   20,824   20,636   20,965   20,988

C   20,988   20,824   20,965   20,636

D   20,636   20,824   20,965   20,988

Reporting Category 1 – 3.2 (D) Number and Operations

☐ ¿Cuál es otra forma de expresar que 10,425 es menor que 10,524? Marca tu respuesta.

A   10,425 > 10,425

B   10,425 < 10,524

C   10,524 = 10,425

D   10,425 > 10,524

Reporting Category 1 – 3.2 (D) Number and Operations

☐ ¿Qué frase puede usarse para describir la relación entre 9,080 y 9,008? Marca tu respuesta.

A   9,080 *es menor que* 9,008

B   9,080 *es mayor que* 9,008

C   9,080 *es igual a* 9,008

D   9,008 *es mayor que* 9,080

Reporting Category 1 – 3.2 (D) Number and Operations

☐ ¿Qué grupo de números está en orden de *mayor a menor*? Marca tu respuesta.

A   11,478   12,045   11,191   14,091

B   14,091   12,045   11,191   11,478

C   11,191   11,478   12,045   14,091

D   14,091   12,045   11,478   11,191

Reporting Category 1 – 3.2 (D) Number and Operations

☐ ¿Cuál es otra forma para expresar que 60,502 es menor que 60,520? Marca tu respuesta.

A   60,502 > 60,520

B   60,520 < 60,502

C   60,502 = 60,520

D   60,502 < 60,520

Reporting Category 1 – 3.2 (D) Number and Operations

☐ ¿Qué frase puede usarse para describir la relación entre 10,010 y 9,989? Marca tu respuesta.

A   10,010 *es menor que* 9,989

B   10,010 *es mayor que* 9,989

C   10,010 *es igual que* 9,989

D   9,989 *es mayor que* 10,010

Reporting Category 1 – 3.2 (D) Number and Operations

☐ **¿Qué grupo de números está en orden de *mayor a menor*? Marca tu respuesta.**

A   50,303   50,201   50,021   50,002

B   50,021   50,201   50,002   50,303

C   50,303   50,201   50,002   50,021

D   50,002   50,021   50,201   50,303

Reporting Category 1 – 3.2 (D) Number and Operations

☐ **¿Cuál es otra forma para expresar que 50,010 es menor que 50,100? Marca tu respuesta.**

A   50,010 = 50,100

B   50,010 < 50,100

C   50,010 > 50,100

D   50,100 < 50,010

Reporting Category 1 – 3.2 (D) Number and Operations

☐ **¿Qué frase puede usarse para describir la relación entre 9,200 y 9,020? Marca tu respuesta.**

A   9,200 *es menor que* 9,020

B   9,200 *es igual a* 9,020

C   9,200 *es mayor que* 9,020

D   9,020 *es mayor que* 9,200

Reporting Category 1 – 3.2 (D) Number and Operations

☐ ¿Cuál es otra forma para expresar que 12,851 es mayor que 12,749? Marca tu respuesta.

A   12,851 > 12,749

B   12,749 > 12,851

C   12,851 < 12,749

D   12,851 = 12,749

Reporting Category 1 – 3.2 (D) Number and Operations

☐ ¿Qué grupo de números está en orden de *mayor a menor*? Marca tu respuesta.

A   13,980   13,880   12,990   13,127

B   13,980   13,880   13,127   12,990

C   12,990   13,127   13,880   13,980

D   12,990   13,880   13,980   13,127

Reporting Category 1 – 3.2 (D) Number and Operations

☐ ¿Qué frase puede usarse para describir la relación entre 74,950 y 74,770? Marca tu respuesta.

A   74,950 *es menor que* 74,770

B   74,950 *es igual a* 74,770

C   74,770 *es mayor que* 74,950

D   74,950 *es mayor que* 74,770

Reporting Category 1 – 3.2 (D) Number and Operations

☐ ¿Cuál es otra forma para expresar que 32,587 es mayor que 32,564? Marca tu respuesta.

A   32,587 < 32,564

B   32,564 > 32,587

C   32,587 > 32,564

D   32,587 = 32,564

Reporting Category 1 – 3.2 (D) Number and Operations

☐ ¿Qué frase puede usarse para describir la relación entre 43,258 y 43,258? Marca tu respuesta.

A   43,258 *es menor que* 43,258

B   43,258 *es menor que* 43,258

C   43,258 *es igual a* 43,258

D   43,258 *es mayor que* 43,258

Reporting Category 1 – 3.2 (D) Number and Operations

☐ ¿Qué grupo de números está en orden de *menor a mayor*? Marca tu respuesta.

A   140,202   140,200   140,010   140,015

B   140,202   140,200   140,015   140,010

C   140,015   140,010   140,200   140,202

D   140,010   140,015   140,200   140,202

Reporting Category 1 – 3.2 (D) Number and Operations

□ ¿Cuál es otra forma para expresar que 42,549 es menor que 42,799?
Marca tu respuesta.

A   42,549 < 42,799

B   42,799 > 42,549

C   42,549 > 42,799

D   44,549 = 42,799

Reporting Category 1 – 3.2 (D) Number and Operations

□ ¿Qué frase puede usarse para describir la relación entre 25,578 y 25,658?
Marca tu respuesta.

A   25,658 *es menor que* 25,578

B   25,578 *es mayor que* 25,658

C   25,658 *es igual a* 25,578

D   25,658 *es mayor que* 25,578

Reporting Category 1 – 3.2 (D) Number and Operations

□ ¿Qué grupo de números está en orden de *mayor a menor*? Marca tu respuesta.

A   19,800   19,090   20,000   19,717

B   20,000   19,800   19,717   19,090

C   20,000   19,717   19,800   19,090

D   19,090   19,717   19,800   20,000

Reporting Category 1 – 3.2 (D) Number and Operations

[ ] **¿Qué grupo de números está en orden de *menor a mayor*? Marca tu respuesta.**

A   15,200   13,405   12,677   14,899

B   15,200   14,899   13,405   12,677

C   12,677   13,405   14,899   15,200

D   12,677   13,405   15,200   14,899

Reporting Category 1 – 3.2 (D) Number and Operations

[ ] **¿Cuál es otra forma para expresar que 15,358 es mayor que 15,291? Marca tu respuesta.**

A   15,358 > 15,291

B   15,291 < 15,358

C   15,291 > 15,358

D   15,358 = 15,291

Reporting Category 1 – 3.2 (D) Number and Operations

[ ] **¿Qué frase puede usarse para describir la relación entre 39,540 y 39,871? Marca tu respuesta.**

A   39,540 *es mayor que* 39,871

B   39,540 *es igual a* 39,871

C   39,540 *es menor que* 39,871

D   39,871 *es menor que* 39,540

Reporting Category 1 – 3.3 (A) Number and Operation

☐ Shalonda quiere dar a sus amigos algunas tarjetas de San Valentín, pero sus amigos están en diversos grupos. Tiene 2 amigos en el grupo del Sr. Sánchez; 3 en el grupo de la Sra. Jones; y 5 en el grupo de la Sra. Beckham. ¿Cuál maestro tiene la mayor parte de los amigos de Shalonda en su grupo? Escribe una fracción para representar esa parte. Marca tu respuesta.

A   Sr. Sánchez $\frac{1}{4}$ C   Sra. Beckham $\frac{1}{2}$

B   Sra. Jones $\frac{3}{8}$ D   Sra. Jones $\frac{3}{10}$

Reporting Category 1 – 3.3 (A) Number and Operations

☐ Estos modelos están en orden. ¿Cuál de las siguientes fracciones debe ir en el espacio en blanco si se usara una fracción en lugar del modelo? Marca tu respuesta.

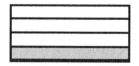   **?**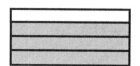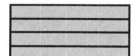

A $\frac{2}{3}$ C $\frac{1}{3}$

B $\frac{3}{4}$ D $\frac{1}{2}$

Reporting Category 1 – 3.3 (A) Number and Operations

☐ ¿Cuál de los siguientes modelos muestra la fracción $\frac{1}{2}$? Marca tu respuesta.

A   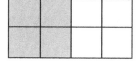   C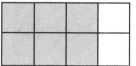

B      D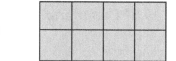

Reporting Category 1 – 3.3 (A) Number and Operations

La figura sombreada representa una fracción. ¿Cómo se podría escribir esa fracción? Marca tu respuesta.

A   Dos sextos

C   Seis mitades

B $\frac{1}{2}$

D $\frac{2}{5}$

Reporting Category 1 – 3.3 (A) Number and Operations

¿Cuál de las siguientes fracciones seguiría en la serie si se utilizara una fracción en lugar del modelo? Marca tu respuesta.

?

A $\frac{2}{3}$

C $\frac{5}{6}$

B $\frac{6}{6}$

D $\frac{4}{5}$

Reporting Category 1 – 3.3 (A) Number and Operations

¿Cuál modelo muestra la fracción $\frac{2}{3}$? Marca tu respuesta.

A

C

B

D

Reporting Category 1 – 3.3 (A) Number and Operations

☐ La gata de Noah tuvo gatitos una noche. La gata tuvo 2 gatos blancos, 1 gato negro, y 5 gatos de color combinado. Escribe una fracción que represente la parte de gatitos que fueron de color combinado. Marca tu respuesta.

A 1/4 C 1/2

B 1/8 D 5/8

Reporting Category 1 – 3.3 (A) Number and Operations

☐ Los diamantes están en orden. ¿Cuál de las siguientes fracciones representa mejor los diamantes sombreados? Marca tu respuesta.

A $\dfrac{3}{8}$ C $\dfrac{5}{8}$

B $\dfrac{1}{2}$ D $\dfrac{1}{8}$

Reporting Category 1 – 3.3 (A) Number and Operations

☐ ¿Cuál de los siguientes modelos muestra la fracción $\dfrac{1}{2}$? Marca tu respuesta.

A   C

B   D

Reporting Category 1 – 3.3 (A) Number and Operations

Las siguientes figuras sombreadas representan una fracción. ¿Cómo se puede escribir esa fracción? Marca tu respuesta.

A $\frac{5}{8}$

C Tres octavos

B Una mitad

D $\frac{3}{4}$

Reporting Category 1 – 3.3 (A) Number and Operations

Aggasi va de viaje a Armenia. Él ha empacado 1 par de zapatos, 2 pares de jeans, y 3 camisas. ¿Qué fracción de la ropa de Aggasi son jeans? Marca tu respuesta.

A 1/2

C 3/4

B 1/3

D 1/6

Reporting Category 1 – 3.3 (A) Number and Operations

¿Cuál de los siguientes modelos muestra la fracción $\frac{3}{8}$? Marca tu respuesta.

A

C

B

D

Reporting Category 1 – 3.3 (A) Number and Operations

☐   **Elijah colecciona tarjetas deportivas. Tiene 2 tarjetas de baseball, 3 de fútbol, 1 de hockey, y 2 de soccer. Escribe una fracción que represente la parte de tarjetas de fútbol. Marca tu respuesta.**

A   1/8   C   1/4

B   1/2   D   3/8

Reporting Category 1 – 3.3 (A) Number and Operations

☐   **¿Cuál de los siguientes modelos sombreados muestra la fracción $\frac{1}{4}$? Marca tu respuesta.**

A   C

B   D

Reporting Category 1 – 3.3 (A) Number and Operations

☐   **El grupo de la Sra. Ranjana fue al zoológico. Los niños vieron 1 elefante, 2 leones, 2 jirafas y 1 cebra. Escribe una fracción que represente la parte de leones y cebras. Marca tu respuesta.**

A   1/6   C   1/2

B   3/4   D   2/3

Reporting Category 1 – 3.3 (A) Number and Operations

☐ ¿Cuál de los siguientes modelos sombreados muestra la fracción $\frac{3}{5}$?
Marca tu respuesta.

A

C

B

D

Reporting Category 1 – 3.3 (A) Number and Operations

☐ Sasha quiere hacer una pintura de regalo para su abuela. Ella tiene 2 marcadores rojos, 3 azules, 1 verde, y 4 amarillos. ¿Qué fracción de marcadores de Sasha son verdes? Marca tu respuesta.

A   1/5   C   1/10

B   3/10   D   2/5

Reporting Category 1 – 3.3 (A) Number and Operations

☐ ¿Cuál de los modelos sombreados muestra la fracción $\frac{3}{7}$? Marca tu respuesta.

A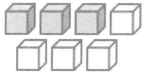

C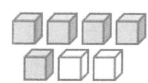

B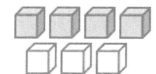

D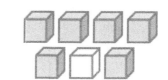

Reporting Category 1 – 3.3 (A) Number and Operations

☐ **Kadeem tiene 3 sombreros rojos, 2 verdes y 1 azul. Escribe una fracción que represente la parte de sombreros de Kadeem que son verdes. Marca tu respuesta.**

A   1/2   C   1/6

B   1/3   D   6/6

Reporting Category 1 – 3.3 (A) Number and Operations

☐ **Los modelos están acomodados en orden. ¿Cuál de las siguientes fracciones iría en el espacio, si se usara una fracción en lugar del modelo? Marca tu respuesta.**

A $\dfrac{1}{2}$ C $\dfrac{5}{6}$

B $\dfrac{6}{6}$ D $\dfrac{2}{3}$

Reporting Category 1 – 3.3 (A) Number and Operations

☐ **¿Cuál de los siguientes modelos muestra la fracción $\dfrac{3}{4}$? Marca tu respuesta.**

A   C

B   D

Name _____

Reporting Category 1 – 3.3 (A) Number and Operations

☐ **La figura sombreada representa una fracción. ¿Cómo se podría escribir esa fracción? Marca tu respuesta.**

A   Tres novenos   C   Cuatro quintos

B $\dfrac{5}{9}$ D $\dfrac{5}{4}$

Reporting Category 1 – 3.3 (A) Number and Operations

☐ **El Sr. Chin tiene un puesto de frutas. Tiene 1 manzana, 2 naranjas, y 1 fresa. ¿Qué fracción de frutas del Sr. Chin son manzanas? Marca tu respuesta.**

A   1/4   C   3/4

B   1/2   D   1/5

Reporting Category 1 – 3.3 (A) Number and Operations

☐ **¿Cuál de los siguientes modelos muestra la fracción $\dfrac{4}{9}$? Marca tu respuesta.**

A   C

B   D

Reporting Category 1 – 3.3 (B) Number and Operations

☐ ¿Cuál punto de la línea numérica representa mejor $\frac{1}{4}$? Marca tu respuesta.

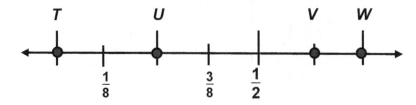

A   T   C   W

B   U   D   V

Reporting Category 1 – 3.3 (B) Number and Operations

☐ El Punto S representa mejor ¿cuál número?   Marca tu respuesta.

A $\frac{3}{8}$ C $\frac{3}{4}$

B $\frac{4}{8}$ D $\frac{5}{8}$

Reporting Category 1 – 3.3 (B) Number and Operations

☐ ¿Cuál objeto de la línea numérica está en una posición mayor a $\frac{6}{8}$? Marca tu respuesta.

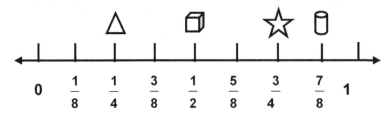

A   Triángulo   C   Estrella

B   Cilindro   D   Cuadrado

Reporting Category 1 – 3.3 (B) Number and Operations

¿Cuál punto de la línea numérica representa mejor $\frac{5}{8}$? Marca tu respuesta.

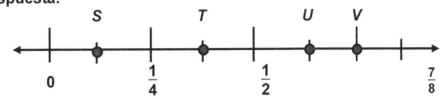

A	U		C	T
B	S		D	V

Reporting Category 1 – 3.3 (B) Number and Operations

El Punto *R* representa mejor ¿cuál número? Marca tu respuesta.

A	$\frac{3}{8}$		C	$\frac{3}{4}$
B	$\frac{1}{2}$		D	$\frac{5}{8}$

Reporting Category 1 – 3.3 (B) Number and Operations

¿Cuál objeto de la línea numérica está en una posición menor a $\frac{2}{8}$? Marca tu respuesta.

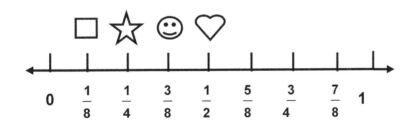

A	Cara		C	Corazón
B	Estrella		D	Cuadrado

Reporting Category 1 – 3.3 (B) Number and Operations

¿Cuál punto de la línea numérica representa mejor $\frac{3}{4}$? Marca tu respuesta.

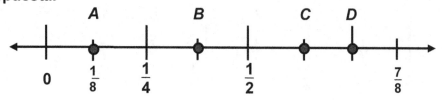

A	C		C	A
B	D		D	B

Reporting Category 1 – 3.3 (B) Number and Operations

El Punto **F** representa mejor ¿cuál número? Marca tu respuesta.

A $\frac{6}{8}$ C   1

B $\frac{4}{4}$ D $\frac{7}{8}$

Reporting Category 1 – 3.3 (B) Number and Operations

¿Cuál objeto de la línea numérica está en la posición $\frac{5}{8}$? Marca tu respuesta.

A   Estrella   C   Libro

B   Llave   D   Triángulo

Reporting Category 1 – 3.3 (B) Number and Operations

☐ ¿Cuál punto de la línea numérica representa mejor $\frac{3}{8}$? Marca tu respuesta.

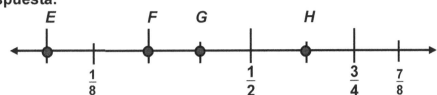

| A | E | | C | G |
| B | H | | D | F |

Reporting Category 1 – 3.3 (B) Number and Operations

☐ El Punto *V* representa mejor ¿cuál número? Marca tu respuesta.

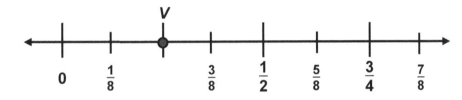

| A | $\frac{1}{4}$ | | C | $\frac{4}{8}$ |
| B | $\frac{3}{4}$ | | D | $\frac{3}{8}$ |

Reporting Category 1 – 3.3 (B) Number and Operations

☐ ¿Cuál objeto de la línea numérica está en la posición mayor a $\frac{7}{8}$? Marca tu respuesta.

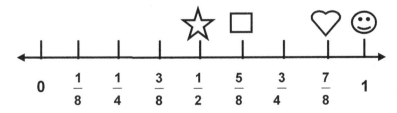

| A | Cara | | C | Corazón |
| B | Estrella | | D | Cuadro |

Reporting Category 1 – 3.3 (B) Number and Operations

☐ ¿Cuál punto de la línea numérica representa mejor $\frac{1}{8}$? Marca tu respuesta.

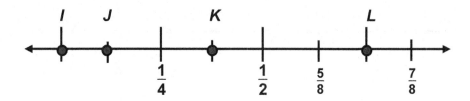

A	*I*		C	*K*
B	*J*		D	*L*

Reporting Category 1 – 3.3 (B) Number and Operations

☐ El Punto *G* representa mejor ¿cuál número? Marca tu respuesta.

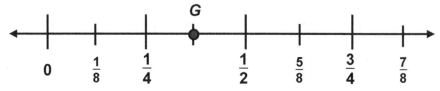

A	$\frac{3}{8}$		C	$\frac{2}{4}$
B	$\frac{4}{8}$		D	$\frac{6}{8}$

Reporting Category 1 – 3.3 (B) Number and Operations

☐ ¿Cuál objeto de la línea numérica está en la posición $\frac{7}{8}$? Marca tu respuesta.

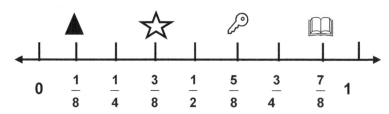

A	Estrella		C	Libro
B	Llave		D	Triángulo

Reporting Category 1 – 3.3 (B) Number and Operations

☐ ¿Cuál punto de la línea numérica representa mejor $\frac{1}{2}$? Marca tu respuesta.

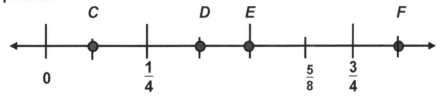

A D

C E

B C

D F

Reporting Category 1 – 3.3 (B) Number and Operations

☐ El Punto *J* representa mejor ¿cuál número? Marca tu respuesta.

A $\frac{2}{8}$

C $\frac{3}{4}$

B $\frac{4}{8}$

D $\frac{8}{8}$

Reporting Category 1 – 3.3 (B) Number and Operations

☐ ¿Cuál objeto de la línea numérica está en la posición mayor a $\frac{4}{8}$? Marca tu respuesta.

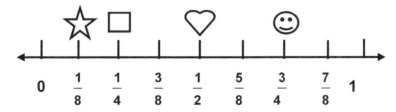

A Cara

C Corazón

B Estrella

D Cuadrado

Reporting Category 1 – 3.3 (B) Number and Operations

☐ ¿Cuál punto de la línea numérica representa mejor $\frac{7}{8}$? Marca tu respuesta.

A	N		C	P
B	Q		D	O

Reporting Category 1 – 3.3 (B) Number and Operations

☐ El Punto Y representa mejor ¿cuál número? Marca tu respuesta.

A	$\frac{1}{8}$		C	$\frac{2}{8}$
B	$\frac{1}{4}$		D	$\frac{1}{6}$

Reporting Category 1 – 3.3 (B) Number and Operations

☐ ¿Cuál objeto de la línea numérica está en la posición menor a $\frac{2}{8}$? Marca tu respuesta.

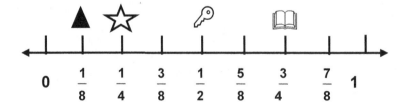

A	Estrella		C	Libro
B	Llave		D	Triángulo

Reporting Category 1 – 3.3 (B) Number and Operations

☐ ¿Cuál punto de la línea numérica representa mejor $\frac{6}{8}$? Marca tu respuesta.

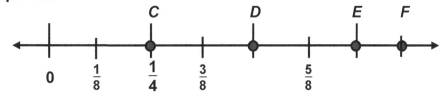

| A | D | | C | E |
| B | C | | D | F |

Reporting Category 1 – 3.3 (B) Number and Operations

☐ El Punto *Q* representa mejor ¿cuál número? Marca tu respuesta.

| A | $\frac{5}{8}$ | | C | $\frac{2}{2}$ |
| B | $\frac{4}{8}$ | | D | $\frac{1}{4}$ |

Reporting Category 1 – 3.3 (B) Number and Operations

☐ ¿Cuál objeto de la línea numérica está en la posición $\frac{2}{4}$? Marca tu respuesta.

| A | Cara | | C | Corazón |
| B | Estrella | | D | Cuadrado |

Reporting Category 1 – 3.3 (C) Number and Operations

¿Qué fracción de las frutas que se muestran son manzanas? Marca tu respuesta.

A $\dfrac{2}{3}$

C $\dfrac{1}{3}$

B $\dfrac{1}{4}$

D $\dfrac{3}{4}$

Reporting Category 1 – 3.3 (C) Number and Operations

¿Qué fracción de las caras que se muestran son caras felices? Marca tu respuesta.

A $\dfrac{5}{9}$

C $\dfrac{1}{3}$

B $\dfrac{4}{9}$

D $\dfrac{3}{4}$

Reporting Category 1 – 3.3 (C) Number and Operations

Hay 3 triángulos, 1 círculo, 5 cuadrados, y 2 rectángulos. ¿Qué fracción de las figuras son cuadrados? Marca tu respuesta.

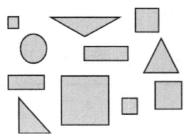

A $\dfrac{6}{11}$

C $\dfrac{5}{11}$

B $\dfrac{7}{11}$

D $\dfrac{1}{2}$

Reporting Category 1 – 3.3 (C) Number and Operations

☐ ¿Cuál serie puede representar que $\frac{5}{6}$ de las piezas de ropa no tienen capucha, si se añade a esa serie una pieza más? Marca tu respuesta.

A

C

B

D

Reporting Category 1 – 3.3 (C) Number and Operations

☐ La Sra. Pearson divide una tabla en partes y sombrea algunas partes.

Después dibuja otra línea en la tabla, como se muestra abajo.

¿Qué número falta para mostrar lo que la Sra. Pearson sombreó? Marca tu respuesta.

$$\frac{2}{3} = \frac{\square}{6}$$

A   6   C   4

B   3   D   2

Reporting Category 1 – 3.3 (C) Number and Operations

☐ Hay aquí dos conejos, 4 perros, 3 ranas, y 1 ratón. ¿Qué fracción de animales son perros? Marca tu respuesta.

A $\frac{2}{3}$ C $\frac{2}{5}$

B $\frac{1}{4}$ D $\frac{3}{4}$

Reporting Category 1 – 3.3 (C) Number and Operations

☐ Jared encontró estas tortugas y ranas en el lago. ¿Qué fracción representa el número de número de ranas? Marca tu respuesta.

A $\frac{2}{3}$ C $\frac{1}{3}$

B $\frac{1}{4}$ D $\frac{3}{4}$

Reporting Category 1 – 3.3 (C) Number and Operations

☐ ¿Qué fracción de los siguientes animales están cubiertos con pelo? Marca tu respuesta.

A $\frac{6}{10}$ C $\frac{4}{6}$

B $\frac{4}{10}$ D $\frac{6}{4}$

Reporting Category 1 – 3.3 (C) Number and Operations

☐ ¿Cuál juego de balones representa que $\frac{1}{2}$ son de básquetbol si se agrega un balón a ese grupo? Marca tu respuesta.

A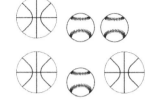

C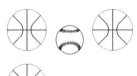

B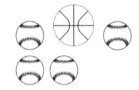

D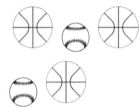

Reporting Category 1 – 3.3 (C) Number and Operations

☐ El Sr. Taylor plantó un jardín en su patio. Hizo 4 surcos y plantó tomate en uno de ellos.

Quería plantar 6 clases más de plantas, así que dividió de nuevo su jardín, como se muestra abajo.

¿Qué número falta para mostrar lo que el Sr. Taylor ha plantado? Marca tu respuesta.

$$\frac{1}{4} = \frac{\Box}{8}$$

A   3

B   6

C   4

D   2

Name _____

Reporting Category 1 – 3.3 (C) Number and Operations

☐ Hay aquí 3 monedas de 25¢, 2 de 10¢, y 5 de 5¢. ¿Qué fracción de monedas son de 5¢? Marca tu respuesta.

A $\dfrac{5}{5}$ C $\dfrac{1}{2}$

B $\dfrac{2}{5}$ D $\dfrac{3}{5}$

Reporting Category 1 – 3.3 (C) Number and Operations

☐ En un estacionamiento hay autos sedán y patrullas de policía. ¿Qué fracción representa el número de autos que no son de policía? Marca tu respuesta.

A $\dfrac{3}{5}$ C $\dfrac{3}{2}$

B $\dfrac{2}{3}$ D $\dfrac{2}{5}$

Reporting Category 1 – 3.3 (C) Number and Operations

☐ ¿Qué fracción de los instrumentos musicales tienen cuerdas? Marca tu respuesta.

A $\dfrac{3}{7}$ C $\dfrac{3}{4}$

B $\dfrac{7}{3}$ D $\dfrac{4}{3}$

Name _____

Reporting Category 1 – 3.3 (C) Number and Operations

☐ ¿Qué figura muestra $\frac{3}{4}$ de sombra? Marca tu respuesta.

A

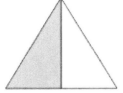

C

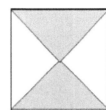

B

D

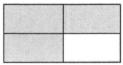

Reporting Category 1 – 3.3 (C) Number and Operations

☐ Kathryn está haciendo una caricatura. Ella dividió una hoja de papel en sextos, y dibujó en 4 espacios. Las partes sombreadas representan los dibujos que hizo.

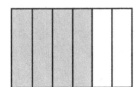

Si Kathryn dibujó otra línea, como se muestra abajo, ¿qué número falta para mostrar la parte en la que no ha dibujado? Marca tu respuesta.

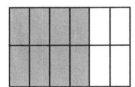

$$\frac{2}{6} = \frac{\square}{12}$$

A   8   C   2

B   4   D   6

Name _____

Reporting Category 1 – 3.3 (C) Number and Operations

¿Qué fracción representa el número de bebés pingüinos? Marca tu respuesta.

A $\dfrac{7}{12}$　　　　　　　C $\dfrac{1}{3}$

B $\dfrac{5}{7}$　　　　　　　D $\dfrac{1}{2}$

Reporting Category 1 – 3.3 (C) Number and Operations

¿Qué fracción de estos hombres son campesinos? Marca tu respuesta.

A $\dfrac{5}{2}$　　　　　　　C $\dfrac{3}{5}$

B $\dfrac{2}{3}$　　　　　　　D $\dfrac{2}{5}$

Reporting Category 1 – 3.3 (C) Number and Operations

Hay aquí 2 osos de peluche, 1 bicicleta, 3 botes de vela y 1 flor. ¿Qué fracción del total son bicicletas? Marca tu respuesta.

A $\dfrac{1}{7}$　　　　　　　C $\dfrac{1}{6}$

B $\dfrac{6}{7}$　　　　　　　D $\dfrac{6}{1}$

Reporting Category 1 – 3.3 (C) Number and Operations

☐ Observa los siguientes grupos. Encuentra el que muestra $\frac{3}{7}$ de las letras hechas sólo con líneas rectas. Marca tu respuesta.

A
L U O F
S Z W

C
V H R O
C Q G

B
B C N A
M P D

D
X K S J
L B T

Reporting Category 1 – 3.3 (C) Number and Operations

☐ Michael dobló un pedazo de papel en quintos y coloreó tres partes.

Entonces dobló de nuevo el pedazo de papel, como se muestra abajo.

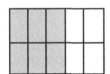

¿Qué número falta para mostrar la parte que Michael no coloreó? Marca tu respuesta.

$$\frac{2}{5} = \frac{\square}{10}$$

A   6   C   3

B   2   D   4

Reporting Category 1 – 3.3 (D) Number and Operations

☐ **¿Qué fracción de esta figura está *sombreada*? Marca tu respuesta.**

A $\frac{3}{4}$ C $\frac{1}{6}$

B $\frac{1}{2}$ D $\frac{4}{3}$

Reporting Category 1 – 3.3 (D) Number and Operations

☐ **¿Cuál figura muestra $\frac{1}{2}$ de *sombreado*? Marca tu respuesta.**

A

B

C

D

Reporting Category 1 – 3.3 (D) Number and Operations

☐ **Observa los grupos de corazones. Encuentra el grupo que muestra $\frac{1}{3}$ de corazones *sombreados*. Marca tu respuesta.**

A

B

C

D

Reporting Category 1 – 3.3 (D) Number and Operations

☐   ¿Qué fracción es la parte *sombreada* de este grupo? Marca tu respuesta.

A $\frac{1}{6}$ C $\frac{1}{5}$

B $\frac{4}{5}$ D $\frac{5}{6}$

Reporting Category 1 – 3.3 (D) Number and Operations

☐   ¿Qué parte de toda la figura está *sombreada*? Marca tu respuesta.

A $\frac{1}{2}$ C $\frac{2}{3}$

B $\frac{1}{3}$ D $\frac{3}{2}$

Reporting Category 1 – 3.3 (D) Number and Operations

☐   ¿Qué fracción de esta figura está *sombreada*? Marca tu respuesta.

A $\frac{4}{5}$

B $\frac{3}{4}$

C $\frac{1}{5}$

D $\frac{1}{2}$

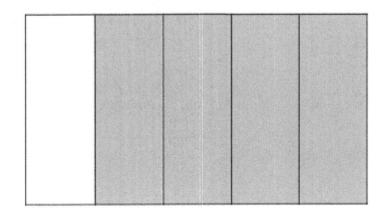

Reporting Category 1 – 3.3 (D) Number and Operations

¿Cuál figura tiene $\frac{3}{4}$ *sombreado*? Marca tu respuesta.

A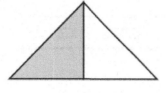

C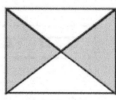

B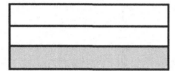

D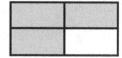

Reporting Category 1 – 3.3 (D) Number and Operations

Observa los grupos de corazones. Encuentra el grupo que muestra $\frac{1}{2}$ de corazones *sombreados*. Marca tu respuesta.

A

B

C

D

Reporting Category 1 – 3.3 (D) Number and Operations

¿Qué fracción de este conjunto está *sombreada*? Marca tu respuesta.

A $\frac{1}{2}$

B $\frac{2}{3}$

C $\frac{7}{8}$

D $\frac{1}{10}$

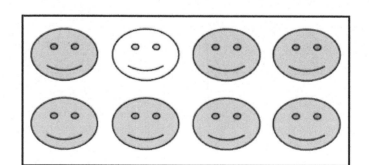

Name _____

Reporting Category 1 – 3.3 (D) Number and Operations

☐ ¿Qué parte de toda la figura está *sombreada*? Marca tu respuesta.

A $\frac{1}{3}$

B $\frac{2}{3}$

C $\frac{4}{3}$

D $\frac{3}{4}$

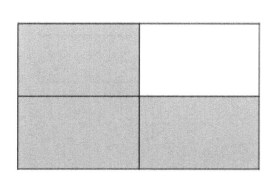

Reporting Category 1 – 3.3 (D) Number and Operations

☐ ¿Qué fracción de esta figura está *sombreada*? Marca tu respuesta.

A $\frac{3}{8}$

B $\frac{5}{8}$

C $\frac{2}{3}$

D $\frac{1}{3}$

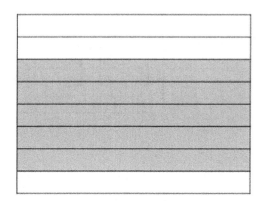

Reporting Category 1 – 3.3 (D) Number and Operations

☐ ¿Cuál figura muestra $\frac{1}{6}$ *sombreado*? Marca tu respuesta.

A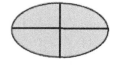

C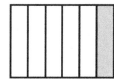

B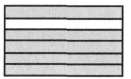

D

Name _____

Reporting Category 1 – 3.3 (D) Number and Operations

[ ] Observa este juego de estrellas. Encuentra el juego que muestra $\frac{3}{4}$ de estrellas *sombreadas*. Marca tu respuesta.

A  C

B  D

Reporting Category 1 – 3.3 (D) Number and Operations

[ ] ¿Qué fracción de este conjunto está *sombreada*? Marca tu respuesta.

A $\frac{3}{4}$

B $\frac{4}{3}$

C $\frac{4}{5}$

D $\frac{1}{4}$

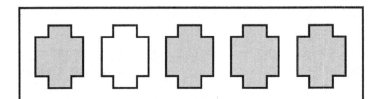

Reporting Category 1 – 3.3 (D) Number and Operations

[ ] ¿Qué parte de toda la figura está *sombreada*? Marca tu respuesta.

A $\frac{4}{5}$

B $\frac{1}{5}$

C $\frac{1}{4}$

D $\frac{4}{3}$

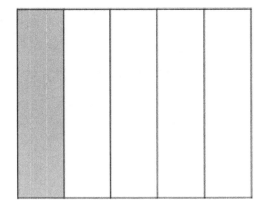

Name _____

Reporting Category 1 – 3.3 (D) Number and Operations

¿Qué imagen muestra $\frac{5}{8}$ de figuras *sombreadas*? Marca tu respuesta.

A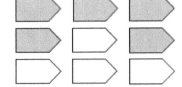

B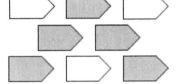

C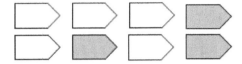

D

Reporting Category 1 – 3.3 (D) Number and Operations

¿Qué fracción de este grupo está *sombreada*? Marca tu respuesta.

A $\frac{1}{10}$

B $\frac{8}{4}$

C $\frac{7}{3}$

D $\frac{2}{10}$

Reporting Category 1 – 3.3 (D) Number and Operations

☐ Si $\frac{8}{9}$ de la figura estuviera *sombreada*, ¿cómo se vería? Marca tu respuesta.

A

B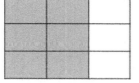

C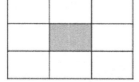

D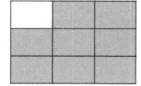

Reporting Category 1 – 3.3 (D) Number and Operations

☐ ¿Qué parte de este conjunto está *sombreado*? Marca tu respuesta.

A $\frac{5}{8}$

B $\frac{1}{3}$

C $\frac{1}{4}$

D $\frac{4}{3}$

Reporting Category 1 – 3.3 (D) Number and Operations

¿Cuál figura está dividida en tercios? Marca tu respuesta.

A

B

C

D

Reporting Category 1 – 3.3 (D) Number and Operations

Esta imagen es de una pizza con pepperoni en parte de ella. ¿Qué parte de la pizza NO tiene pepperoni? Marca tu respuesta.

A $\frac{3}{5}$

B $\frac{1}{3}$

C $\frac{1}{5}$

D $\frac{5}{3}$

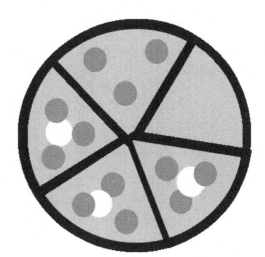

Reporting Category 1 – 3.3 (E) Number and Operations

¿Qué fracción describe mejor la parte sombreada de este modelo? Marca tu respuesta.

A $\dfrac{2}{7}$ C $\dfrac{3}{8}$

B $\dfrac{3}{7}$ D $\dfrac{4}{7}$

Reporting Category 1 – 3.3 (E) Number and Operations

Si 3 estudiantes quieren dividir 41 hojas de papel de colores equitativamente, ¿cuántas hojas de color recibiría cada estudiante? ¿Entre cuál par de números enteros estaría la respuesta correcta? Asegúrate de mostrar tu cálculo. Marca tu respuesta.

A 38; 37 y 39   C $13\frac{2}{3}$; 13 y 14

B $10\frac{1}{2}$; 10 y 11   D $20\frac{1}{2}$; 20 y 21

Reporting Category 1 – 3.3 (E) Number and Operations

¿Qué fracción describe mejor la parte sombreada de este modelo? Marca tu respuesta.

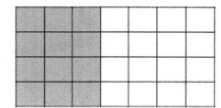

A $\dfrac{6}{7}$ C $\dfrac{3}{7}$

B $\dfrac{14}{28}$ D $\dfrac{15}{28}$

Reporting Category 1 – 3.3 (E) Number and Operations

☐ **Si Mika y Erin quieren dividir 17 mantecados en forma equitativa, ¿cuántos mantecados recibirá cada niña? ¿Entre cuál par de números enteros estaría la respuesta correcta? Asegúrate de mostrar tu cálculo. Marca tu respuesta.**

A $8\frac{1}{2}$; 8 y 9   C $5\frac{7}{10}$; 5 y 6

B 17; 16 y 18   D $9\frac{1}{2}$; 9 y 10

Reporting Category 1 – 3.3 (E) Number and Operations

☐ **¿Qué fracción describe mejor la parte de corazones sombreados? Marca tu respuesta.**

A $\frac{3}{4}$ C $\frac{5}{8}$

B $\frac{3}{8}$ D $\frac{1}{2}$

Reporting Category 1 – 3.3 (E) Number and Operations

☐ **Si 5 personas quieren dividir 23 lbs de azúcar equitativamente, ¿cuántas lbs de azúcar recibiría cada persona? ¿Entre qué par de números enteros estaría la respuesta correcta? Asegúrate de mostrar tu cálculo. Marca tu respuesta.**

A 23; 22 y 24   C $5\frac{2}{5}$; 5 y 6

B $4\frac{3}{5}$; 4 y 5   D $18\frac{1}{2}$; 18 y 19

Name _____

Reporting Category 1 – 3.3 (E) Number and Operations

☐ **Shane, Greg, Herb y John quieren dividir 26 pelotas de béisbol en forma equitativa, ¿cuántas pelotas de béisbol recibiría cada niño? ¿Entre qué par de números enteros estaría la respuesta correcta? Asegúrate de mostrar tu cálculo. Marca tu respuesta.**

A $8\frac{3}{5}$; 8 y 9   C $6\frac{1}{2}$; 7 y 8

B $5\frac{3}{5}$; 5 y 6   D $6\frac{1}{2}$; 6 y 7

Reporting Category 1 – 3.3 (E) Number and Operations

☐ **¿Qué fracción describe mejor la parte sombreada del siguiente modelo? Marca tu respuesta.**

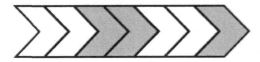

A $\frac{1}{2}$ C $\frac{4}{7}$

B $\frac{3}{7}$ D $\frac{5}{7}$

Reporting Category 1 – 3.3 (E) Number and Operations

☐ **Si 4 amigos quieren dividir 38 litros de agua en partes iguales, ¿cuántos litros de agua recibe cada amigo? ¿Entre qué par de números enteros estaría la respuesta correcta? Asegúrate de mostrar tu cálculo. Marca tu respuesta.**

A   19; 18 y 20   C $9\frac{1}{2}$; 9 y 10

B $4\frac{1}{4}$; 4 y 5   D $19\frac{1}{2}$; 19 y 20

Reporting Category 1 – 3.3 (E) Number and Operations

☐ **¿Qué fracción describe mejor la parte sombreada del siguiente modelo? Marca tu respuesta.**

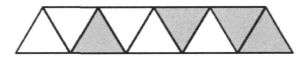

A $\dfrac{5}{9}$ C $\dfrac{4}{7}$

B $\dfrac{1}{2}$ D $\dfrac{4}{9}$

Reporting Category 1 – 3.3 (E) Number and Operations

☐ **Si 7 equipos dividieran 66 jugadores en forma equitativa en equipos, ¿cuántos jugadores habría en cada equipo? ¿Entre qué par de números enteros estaría la respuesta correcta? Asegúrate de mostrar tu cálculo. Marca tu respuesta.**

A $7\dfrac{1}{3}$; 7 y 8   C $8\dfrac{1}{4}$; 8 y 9

B $9\dfrac{3}{7}$; 9 y 10   D 11; 10 y 12

Reporting Category 1 – 3.3 (E) Number and Operations

☐ **Si 6 trabajadores quieren dividir $62 en forma equitativa, ¿cuántos dólares recibiría cada trabajador? ¿Entre qué par de números enteros estaría la respuesta correcta? Asegúrate de mostrar tu cálculo. Marca tu respuesta.**

A 62; 61 y 63   C $6\dfrac{2}{3}$; 5 y 7

B $10\dfrac{1}{3}$; 10 y 11   D $9\dfrac{3}{4}$; 9 y 10

Reporting Category 1 – 3.3 (E) Number and Operations

☐ Jules preparó jugo de frutas para la fiesta de cumpleaños de su papá. Usó 10 kg de jugo de piña y 20 kg de jugo de manzana. Ella tiene una taza medidora que mide en unidades de taza. ¿Cuántas veces debe llenar la taza medidora con el jugo de piña, usando la equivalencia de 1 kg = 10 tazas? Asegúrate de mostrar tu cálculo. Marca tu respuesta.

A   100   C   110

B   120   D   90

Reporting Category 1 – 3.3 (E) Number and Operations

☐ ¿Qué fracción describe mejor la parte sombreada del siguiente modelo? Marca tu respuesta.

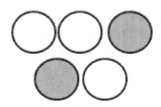

A $\dfrac{4}{5}$ C $\dfrac{3}{5}$

B $\dfrac{2}{5}$ D $\dfrac{1}{5}$

Reporting Category 1 – 3.3 (E) Number and Operations

☐ ¿Qué fracción describe mejor la parte sombreada del siguiente modelo? Marca tu respuesta.

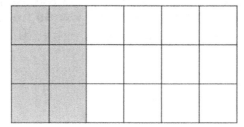

A $\dfrac{1}{3}$ C $\dfrac{1}{2}$

B $\dfrac{2}{3}$ D $\dfrac{3}{4}$

Reporting Category 1 – 3.3 (E) Number and Operations

¿Qué fracción describe mejor la parte sombreada del siguiente modelo? Marca tu respuesta.

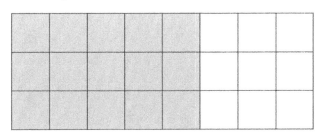

A $\dfrac{3}{5}$

C $\dfrac{3}{8}$

B $\dfrac{2}{5}$

D $\dfrac{5}{8}$

Reporting Category 1 – 3.3 (E) Number and Operations

Janice, Marsha, Becky, Jayleen y Audrey quieren dividir 51 osos de peluche en forma equitativa. ¿Cuántos osos de peluche recibirá cada niña? ¿Entre qué par de números enteros estaría la respuesta correcta? Asegúrate de mostrar tu cálculo. Marca tu respuesta.

A $10\dfrac{1}{5}$; 9 y 10

C $12\dfrac{1}{4}$; 12 and 13

B $10\dfrac{1}{5}$; 10 y 11

D $8\dfrac{1}{2}$; 8 y 9

Reporting Category 1 – 3.3 (E) Number and Operations

¿Qué fracción describe mejor la parte sombreada del siguiente modelo? Marca tu respuesta.

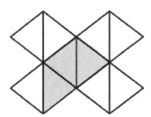

A $\dfrac{3}{8}$

C $\dfrac{3}{10}$

B $\dfrac{1}{3}$

D $\dfrac{7}{10}$

Reporting Category 1 – 3.3 (E) Number and Operations

☐ **Si hubiera 39 huesos para dividir entre 5 perros, ¿cuántos huesos recibiría cada perro? ¿Entre qué par de números enteros estaría la respuesta correcta? Asegúrate de mostrar tu cálculo. Marca tu respuesta.**

A $7\frac{4}{5}$; 7 y 8   C $7\frac{4}{5}$; 6 y 7

B $9\frac{3}{4}$; 8 y 10   D $6\frac{1}{2}$; 6 y 7

Reporting Category 1 – 3.3 (E) Number and Operations

☐ **¿Qué fracción describe mejor la parte sombreada del siguiente modelo? Marca tu respuesta.**

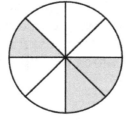

A $\frac{1}{4}$ C $\frac{5}{8}$

B $\frac{1}{2}$ D $\frac{3}{8}$

Reporting Category 1 – 3.3 (E) Number and Operations

☐ **¿Qué fracción describe mejor la parte sombreada del siguiente modelo? Marca tu respuesta.**

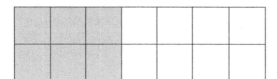

A $\frac{3}{4}$ C $\frac{4}{7}$

B $\frac{3}{7}$ D $\frac{1}{2}$

Name _____

Reporting Category 1 – 3.3 (E) Number and Operations

☐　¿Qué fracción describe mejor la parte sombreada del siguiente modelo? Marca tu respuesta.

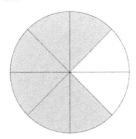

A　$\dfrac{3}{4}$　　　　C　$\dfrac{2}{3}$

B　$\dfrac{1}{3}$　　　　D　$\dfrac{1}{4}$

Reporting Category 1 – 3.3 (E) Number and Operations

☐　Si hay 74 cajas de manzana para dividirse en forma equitativa entre 8 grupos, ¿cuántas cajas hay en cada grupo? ¿Entre qué par de números enteros estaría la respuesta correcta? Asegúrate de mostrar tu cálculo. Marca tu respuesta.

A　$9\dfrac{1}{4}$; 8 and 9　　　　C　$9\dfrac{1}{4}$; 9 and 10

B　$8\dfrac{1}{5}$; 8 and 9　　　　D　$10\dfrac{3}{5}$; 10 and 11

Reporting Category 1 – 3.3 (E) Number and Operations

☐　¿Qué fracción describe mejor la parte sombreada del siguiente modelo? Marca tu respuesta.

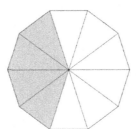

A　$\dfrac{3}{4}$　　　　C　$\dfrac{1}{3}$

B　$\dfrac{3}{7}$　　　　D　$\dfrac{2}{5}$

Reporting Category 1 – 3.3 (F) Number and Operations

¿Qué fracción equivalente describe mejor la parte sombreada del siguiente modelo? Marca tu respuesta.

A $\dfrac{2}{14}$ C $\dfrac{6}{7}$

B $\dfrac{3}{7}$ D $\dfrac{3}{18}$

Reporting Category 1 – 3.3 (F) Number and Operations

¿Qué fracción es equivalente a $\dfrac{4}{16}$? Asegúrate de mostrar tu cálculo. Marca tu respuesta.

A $\dfrac{1}{8}$ C $\dfrac{2}{16}$

B $\dfrac{1}{6}$ D $\dfrac{1}{4}$

Reporting Category 1 – 3.3 (F) Number and Operations

Encuentra los números que faltan en las siguientes fracciones equivalentes. Marca tu respuesta.

$$\dfrac{1}{8} = \dfrac{2}{\rule{1cm}{0.15mm}} = \dfrac{4}{\rule{1cm}{0.15mm}} = \dfrac{8}{\rule{1cm}{0.15mm}}$$

A   10, 12, 14   C   10, 16, 20

B   16, 32, 64   D   16, 32, 48

Reporting Category 1 – 3.3 (F) Number and Operations

¿Qué fracción es equivalente a $\frac{5}{20}$? Asegúrate de mostrar tu cálculo.
Marca tu respuesta.

A $\frac{1}{5}$

C $\frac{6}{8}$

B $\frac{1}{4}$

D $\frac{4}{5}$

Reporting Category 1 – 3.3 (F) Number and Operations

¿Qué fracción equivalente describe mejor la parte sombreada del siguiente modelo? Marca tu respuesta.

A $\frac{3}{4}$

C $\frac{1}{2}$

B $\frac{1}{4}$

D $\frac{2}{3}$

Reporting Category 1 – 3.3 (F) Number and Operations

¿Qué fracción es equivalente a $\frac{9}{24}$? Asegúrate de mostrar tu cálculo.
Marca tu respuesta.

A $\frac{1}{4}$

C $\frac{1}{3}$

B $\frac{3}{8}$

D $\frac{1}{12}$

Reporting Category 1 – 3.3 (F) Number and Operations

☐ **Encuentra el número faltante para la siguiente fracción equivalente. Marca tu respuesta.**

$$\frac{5}{6} = \frac{\quad}{12}$$

A   15   C   20

B   25   D   10

Reporting Category 1 – 3.3 (F) Number and Operations

☐ **¿Qué fracción es equivalente a $\frac{10}{16}$? Asegúrate de mostrar tu cálculo. Marca tu respuesta.**

A $\frac{1}{8}$ C $\frac{2}{5}$

B $\frac{5}{8}$ D $\frac{5}{6}$

Reporting Category 1 – 3.3 (F) Number and Operations

☐ **¿Qué fracción equivalente describe mejor la parte sombreada del siguiente modelo?   Marca tu respuesta.**

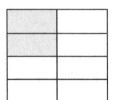

A $\frac{3}{4}$ C $\frac{1}{2}$

B $\frac{1}{4}$ D $\frac{2}{3}$

Reporting Category 1 – 3.3 (F) Number and Operations

☐ ¿Qué fracción equivalente describe mejor la parte sombreada del siguiente modelo?   Marca tu respuesta.

A $\dfrac{2}{3}$ C $\dfrac{1}{2}$

B $\dfrac{3}{4}$ D $\dfrac{2}{5}$

Reporting Category 1 – 3.3 (F) Number and Operations

☐ ¿Cuál de las siguientes fracciones es equivalente a $\dfrac{2}{12}$? Asegúrate de mostrar tu trabajo. Marca tu respuesta.

A $\dfrac{1}{8}$ C $\dfrac{1}{4}$

B $\dfrac{1}{6}$ D $\dfrac{1}{7}$

Reporting Category 1 – 3.3 (F) Number and Operations

☐ Encuentra el número faltante para la siguiente fracción equivalente. Marca tu respuesta.

$$\dfrac{3}{6} = \dfrac{12}{\quad}$$

A   24   C   36

B   18   D   30

Reporting Category 1 – 3.3 (G) Number and Operations

☐ La parte sombreada de la pista de baile representa una fracción de 3/6. ¿Qué fracción es equivalente a la parte sombreada de la pista de baile? Marca tu respuesta.

A   1/2

B   1/3

C   1/6

D   3/2

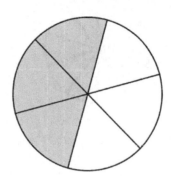

Reporting Category 1 – 3.3 (G) Number and Operations

☐ ¿Cuál fracción es igual al punto *U* en la siguiente línea numérica? Marca tu respuesta.

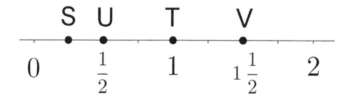

A   2/3   C   3/5

B   2/4   D   4/6

Reporting Category 1 – 3.3 (G) Number and Operations

☐ Las ovejas negras de abajo representan una fracción de 4/6. ¿Cuál fracción es la misma a la que representan las ovejas negras? Marca tu respuesta.

A   2/4

B   1/6

C   1/3

D   2/3

Reporting Category 1 – 3.3 (G) Number and Operations

☐ **¿Cuál ecuación representa la parte sombreada en el dibujo de la siguiente sombrilla? Marca tu respuesta.**

A   3/6 = 4/8

B   2/6 = 3/4

C   3/4 = 6/8

D   3/6 = 2/4

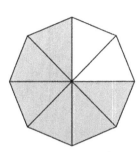

Reporting Category 1 – 3.3 (G) Number and Operations

☐ **¿Cuál fracción NO representa el punto *M* en la siguiente línea numérica? Marca tu respuesta.**

A   1 1/2

B   6/4

C   3/2

D   1/2

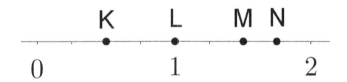

Reporting Category 1 – 3.3 (G) Number and Operations

☐ **Michael compró 2/8 de pizza. ¿Cuál fracción muestra la cantidad de pizza que compró Michael? Marca tu respuesta.**

A   6/2

B   2/6

C   1/4

D   1/3

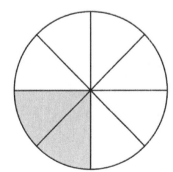

Reporting Category 1 – 3.3 (G) Number and Operations

☐ John pintó una reja blanca de color gris. ¿Cuál fracción representa mejor la reja que pintó de gris? Marca tu respuesta.

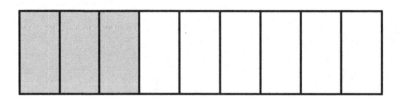

A   3/6   C   2/3

B   1/3   D   6/3

Reporting Category 1 – 3.3 (G) Number and Operations

☐ ¿Cuál ecuación está representada por el punto Y en la línea numérica? Marca tu respuesta.

A   1 = 1/2

B   2/2 = 4/4

C   2/1 = 1/2

D   1/2 = 2/4

X   Z   Y   W

0   1   2

Reporting Category 1 – 3.3 (G) Number and Operations

☐ Mary quería medir una hormiga con una regla. La longitud de la hormiga es de 1/2 cm y está marcada con la flecha en el siguiente dibujo. ¿Cuál fracción es equivalente a la longitud de la hormiga? Marca tu respuesta.

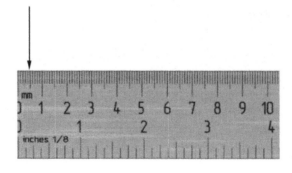

A   1/5 cm   C   5/10 cm

B   2/10 cm   D   5/2 cm

Reporting Category 1 – 3.3 (G) Number and Operations

☐ La parte sombreada del siguiente dibujo muestra la cantidad de pintura que usó Hannah para hacer una pintura para su mamá. ¿Cuál ecuación representa mejor la parte sombreada? Marca tu respuesta.

A   4/2 = 2/4

B   4/6 = 2/3

C   6/2 = 4/6

D   1/2 = 2/6

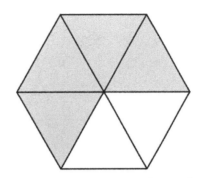

Reporting Category 1 – 3.3 (G) Number and Operations

☐ ¿Qué fracción es igual al punto *F* en la siguiente línea numérica? Marca tu respuesta.

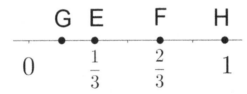

A   4/5   C   3/5

B   3/6   D   4/6

Reporting Category 1 – 3.3 (G) Number and Operations

☐ Peter midió un clip con una regla, y la longitud es la que señala la flecha. ¿Cuál fracción NO muestra la longitud del clip? Marca tu respuesta.

A   15/10 cm

B   1/2 cm

C   1 5/10 cm

D   3/2 cm

Reporting Category 1 – 3.3 (G) Number and Operations

☐ La parte sombreada muestra el chocolate sobrante de un bote de helado. Hay 6/10 de chocolate sobrante en el bote de helado. ¿Cuál fracción es igual a la cantidad de chocolate sobrante? Marca tu respuesta.

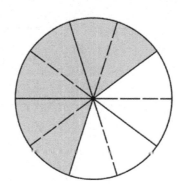

A   3/5

B   2/6

C   1/4

D   1/3

Reporting Category 1 – 3.3 (G) Number and Operations

☐ ¿Cuál fracción NO representa el punto K en la línea numérica? Marca tu respuesta.

A   1/2

B   4/4

C   4/8

D   2/4

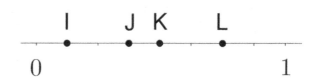

Reporting Category 1 – 3.3 (G) Number and Operations

☐ Mia midió su uña y obtuvo la longitud señalada por la flecha. ¿Cuál de las siguientes ecuaciones representa mejor la longitud de su uña? Marca tu respuesta.

A   4/2 = 20/10 cm

B   4/2 = 2/4 cm

C   2/1 = 1/2 cm

D   10/10 = 2 cm

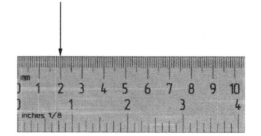

Reporting Category 1 – 3.3 (G) Number and Operations

☐ La siguiente figura muestra una ventana cubierta por una cortina. ¿Cuál de las siguientes ecuaciones representa la parte cubierta de la ventana? Marca tu respuesta.

A   1/1 = 2/2

B   2/2 = 4/4

C   2/4 = 4/2

D   1/2 = 2/4

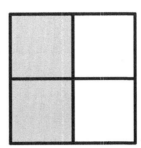

Reporting Category 1 – 3.3 (G) Number and Operations

☐ ¿Cuál de las siguientes ecuaciones representa el punto Q en la siguiente línea numérica? Marca tu respuesta.

A   1/5 = 1/2

B   4/2 = 6/4

C   4/6 = 6/4

D   2/5 = 4/10

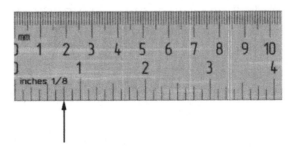

Reporting Category 1 – 3.3 (G) Number and Operations

☐ Emma midió una mariquita y obtuvo una longitud de 6/8 pulgadas de largo. ¿Cuál de las siguientes fracciones muestra también la longitud de la mariquita? Marca tu respuesta.

A   3/4 in   C   4/6 in

B   3/6 in   D   6/4 in

Reporting Category 1 – 3.3 (G) Number and Operations

¿Cuál de las siguientes fracciones NO es equivalente a la parte sombreada de la siguiente imagen? Marca tu respuesta.

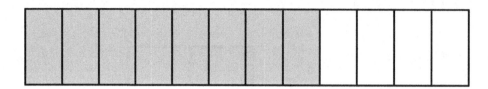

A   8/12

C   4/6

B   3/4

D   2/3

Reporting Category 1 – 3.3 (G) Number and Operations

¿Cuál fracción NO representa los botones blancos de abajo? Marca tu respuesta.

A   1/2

C   2/6

B   1/3

D   4/12

Reporting Category 1 – 3.3 (G) Number and Operations

Olivia midió su dedo índice, y encontró la longitud que se muestra abajo con la flecha. ¿Cuál fracción NO muestra la longitud de su dedo? Marca tu respuesta.

A   5/4 in

B   10/8 in

C   1 1/4 in

D   3/2 in

Name _____

Reporting Category 1 – 3.3 (G) Number and Operations

☐ La siguiente imagen muestra una barra de chocolate blanco y obscuro. ¿Cuál fracción NO equivale a la cantidad de chocolate obscuro? Marca tu respuesta.

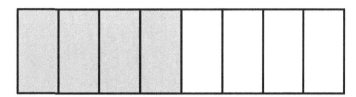

A   1/2   C   4/6

B   2/4   D   4/8

Reporting Category 1 – 3.3 (G) Number and Operations

☐ ¿Cuál ecuación es equivalente a la parte sombreada de las siguientes cartas? Marca tu respuesta.

A   2/6 = 1/2

B   2/2 = 2/4

C   2/8 = 1/4

D   1/2 = 2/4

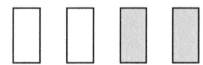

Reporting Category 1 – 3.3 (G) Number and Operations

☐ Grace midió una aguja y encontró, encontró la longitud que se muestra abajo con la flecha. ¿Cuál fracción se representa con la flecha? Marca tu respuesta.

A   1/8 = 2/4 in

B   4/8 = 2/4 in

C   4/8 = 1/4 in

D   1/2 = 1/4 in

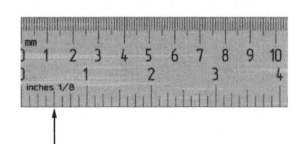

Reporting Category 1 – 3.3 (H) Number and Operations

☐ Una manzana pesa $\frac{3}{4}$ de una libra, una pera pesa $\frac{3}{5}$ de una libra, y una ciruela pesa $\frac{3}{8}$ de libra. Ordena las frutas en orden de más pesada a más ligera. Marca tu respuesta.

A   Manzana, pera, ciruela

B   Pera, manzana, ciruela

C   Ciruela, manzana, pera

D   Manzana, ciruela, pera

Reporting Category 1 – 3.3 (H) Number and Operations

☐ Señala el signo correcto que corresponda al siguiente diagrama. Marca tu respuesta.

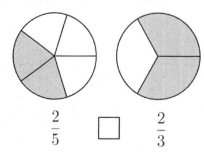

$$\frac{2}{5} \quad \square \quad \frac{2}{3}$$

A   >   C   =

B   <   D   ≥

Reporting Category 1 – 3.3 (H) Number and Operations

☐ La mamá de Ethan le preparó un pie de chocolate para él y sus amigos. Ethan comió $\frac{3}{12}$ del pie, Jacob comió $\frac{2}{12}$ del pie, Tyler comió $\frac{1}{12}$ del pie, y Logan comió $\frac{5}{12}$ del pie. ¿Cuál de los cuatro niños comió la mayor parte del pie? Marca tu respuesta.

A   Ethan

B   Jacob

C   Tyler

D   Logan

Reporting Category 1 – 3.3 (H) Number and Operations

☐ El radio de la llanta de un auto deportivo es $\frac{3}{5}$ de un metro, el radio de la llanta de un camión es $\frac{4}{5}$ de un metro, y el radio de la llanta de una bicicleta es $\frac{2}{5}$ de un metro. Coloca en orden el tamaño de las llantas de los vehículos, de menor a mayor. Marca tu respuesta.

A   Auto, camión, bicicleta

B   Camión, auto, bicicleta

C   Bicicleta, auto, camión

D   Auto, bicicleta, camión

Reporting Category 1 – 3.3 (H) Number and Operations

☐ Elije el signo correcto que corresponda al siguiente diagrama. Marca tu respuesta.

A   <

B   >

C   =

D   ≤

$$\frac{5}{8} \quad \square \quad \frac{3}{8}$$

Reporting Category 1 – 3.3 (H) Number and Operations

☐ John, Paul, George y Ringo deciden medir 4 pedazos de gis en el salón de la Sra. Pepper. El pedazo de gis de John mide 3/4 de pulgada de largo; el pedazo de gis de Paul mide 3/7 de pulgada; el pedazo de gis de George mide 3/6 de pulgada; y el pedazo de gis de Ringo mide 3/5 de pulgada de largo. ¿Quién tiene el pedazo de gis más corto? Marca tu respuesta.

A   John

B   Paul

C   George

D   Ringo

Reporting Category 1 – 3.3 (H) Number and Operations

☐ Una mariquita mide 2/5 de pulgada de largo; una hormiga tiene 2/9 de pulgada de largo, y un saltamontes tiene 2/3 de pulgada de largo. Coloca los insectos en orden del más corto al más largo. Marca tu respuesta.

A   Mariquita, hormiga, saltamontes

B   Hormiga, saltamontes, mariquita

C   Hormiga, mariquita, saltamontes

D   Saltamontes, hormiga, mariquita

Reporting Category 1 – 3.3 (H) Number and Operations

☐ Elije el signo correcto que corresponda al siguiente diagrama. Marca tu respuesta.

A   <

B   ≥

C   =

D   >

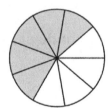 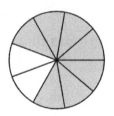

$$\frac{5}{9} \quad \square \quad \frac{7}{9}$$

Reporting Category 1 – 3.3 (H) Number and Operations

☐ Cuatro niñas de Brinker-Marks Elementary fueron de excursión a una granja. Llevaron a casa fresas de una canasta. Shelby tomó $\frac{2}{5}$ de fresas de la canasta, Mia tomó $\frac{2}{8}$ de fresas de la canasta, Samantha tomó $\frac{2}{9}$ de fresas de la canasta, y Hannah tomó $\frac{2}{7}$ de fresas de la canasta. ¿Cuál de las niñas tomó la más fresas de la canasta? Marca tu respuesta.

A   Shelby

B   Mia

C   Samantha

D   Hannah

Reporting Category 1 – 3.3 (H) Number and Operations

☐ Una naranja pesa $\frac{5}{8}$ de libra, un limón pesa $\frac{3}{8}$ de libra, un durazno pesa $\frac{4}{8}$ de libra. Coloca las frutas en orden, de más ligera a más pesada. Marca tu respuesta.

A   Naranja, limón, durazno

B   Limón, naranja, durazno

C   Durazno, limón, naranja

D   Limón, durazno, naranja

Reporting Category 1 – 3.3 (H) Number and Operations

☐ Elije el signo correcto que corresponda al siguiente diagrama. Marca tu respuesta.

A   =

B   >

C   <

D   ≤

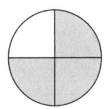 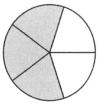

$$\frac{3}{4} \quad \square \quad \frac{3}{5}$$

Reporting Category 1 – 3.3 (H) Number and Operations

☐ Emma, Olivia, Grace y Sophia midieron la longitud de su cabello. El cabello de Emma mide $\frac{3}{10}$ de pie de largo; el de Olivia mide $\frac{8}{10}$ de pie de largo, el de Grace mide $\frac{5}{10}$ de pie de largo, y el de Sophia mide $\frac{6}{10}$ de pie de largo. ¿Cuál de las niñas tiene el pelo más corto? Marca tu respuesta.

A   Emma

B   Olivia

C   Grace

D   Sophia

Reporting Category 1 – 3.3 (H) Number and Operations

☐ La casa de John está a $\frac{4}{5}$ de milla de la escuela, la de Peter está a $\frac{4}{7}$ de milla de la escuela, y la casa de Michael está a $\frac{4}{9}$ de milla de la escuela.

Coloca a los niños en orden por la distancia de sus casas a la escuela, del más cercano al más lejano. Marca tu respuesta.

A   John, Michael, Peter

B   Michael, Peter, John

C   Peter, Michael, John

D   John, Peter, Michael

Reporting Category 1 – 3.3 (H) Number and Operations

☐ Elije el signo correcto que corresponda al siguiente diagrama. Marca tu respuesta.

A   ≥

B   =

C   <

D   >

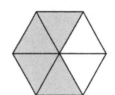   ☐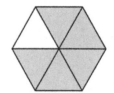

$\frac{4}{6}$ $\frac{5}{6}$

Reporting Category 1 – 3.3 (H) Number and Operations

☐ Un elefante pesa 3/4 de tonelada, un hipopótamo pesa 3/5 de tonelada, una jirafa pesa 3/6 de tonelada, y un caballo pesa 3/10 de tonelada. ¿Cuál animal pesa más? Marca tu respuesta.

A   Elefante

B   Hipopótamo

C   Jirafa

D   Caballo

Reporting Category 1 – 3.3 (H) Number and Operations

Taylor está a $\frac{4}{7}$ de milla de la oficina postal, $\frac{6}{7}$ de milla del cine y del teatro y $\frac{3}{7}$ de milla de su escuela. Coloca cada lugar en distancia de Taylor, empezando del más lejos al más cerca. Marca tu respuesta.

A   Oficina Postal, Teatro, Escuela

B   Teatro, Oficina Postal, Escuela

C   Oficina Postal, Escuela, Teatro

D   Escuela, Teatro, Oficina Postal

Reporting Category 1 – 3.3 (H) Number and Operations

Elije el signo correcto que corresponda al siguiente diagrama.   Marca tu respuesta.

A   >

B   <

C   =

D   ≤

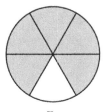 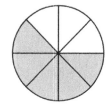

$$\frac{5}{6} \qquad \square \qquad \frac{5}{8}$$

Reporting Category 1 – 3.3 (H) Number and Operations

Un tazón pesa $\frac{7}{8}$ de libra, un plato pesa $\frac{4}{8}$ de libra, un vaso pesa $\frac{3}{8}$ de libra, y un tenedor pesa $\frac{1}{8}$ de libra. ¿Cuál de estos utencilios de cocina es el más ligero? Marca tu respuesta.

A   Tazón   C   Vaso

B   Plato   D   Tenedor

Reporting Category 1 – 3.3 (H) Number and Operations

☐ El perro de Pete mide $\frac{1}{2}$ metro de largo, su gato mide $\frac{1}{3}$ metro de largo, y su conejo mide $\frac{1}{4}$ metro de largo. Coloca las mascotas de Pete en orden de la más larga a la más corta. Marca tu respuesta.

A   Conejo, gato, perro   C   Conejo, perro, gato

B   Gato, conejo, perro   D   Perro, gato, conejo

Reporting Category 1 – 3.3 (H) Number and Operations

☐ Elije el signo correcto que corresponda al siguiente diagrama. Marca tu respuesta.

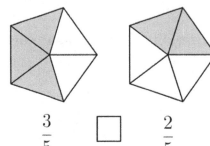

$$\frac{3}{5} \quad \square \quad \frac{2}{5}$$

A   <   C   =

B   >   D   ≤

Reporting Category 1 – 3.3 (H) Number and Operations

☐ Angela, Alexandra, Lisa y Anita midieron la longitud de sus uñas. Las uñas de Angela miden $\frac{8}{12}$ pulgadas de largo; las de Alexandra $\frac{8}{11}$ pulgadas; las de Lisa, $\frac{8}{10}$ pulgadas; y las de Anna, $\frac{8}{13}$ pulgadas de largo. ¿Quién tiene las uñas más largas? Marca tu respuesta.

A   Angela

B   Alexandra

C   Lisa

D   Anita

Name _____

Reporting Category 1 – 3.3 (H) Number and Operations

[ ] En la tienda de abarrotes Smithville, una papa pesa 3/8 de libra, una cebolla pesa 1/8 de libra, un tomate pesa 2/8 de libra. Coloca los vegetales de la tienda de abarrotes, del más pesado a más ligero. Marca tu respuesta.

A   Papa, cebolla, tomate

B   Cebolla, tomate, papa

C   Papa, tomate, cebolla

D   Tomate, cebolla, papa

Reporting Category 1 – 3.3 (H) Number and Operations

[ ] Elije el signo correcto que corresponda al siguiente diagrama. Marca tu respuesta.

A   <

B   >

C   ≤

D   =

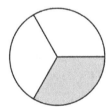

$\dfrac{1}{3}$ □ $\dfrac{1}{4}$

Reporting Category 1 – 3.3 (H) Number and Operations

[ ] En el salón del Sr. Becker cada estudiante midió su zapato. El zapato de Ava midió 7/10 de pie de largo, el de Sonia midió 6/10 de pie de largo, el de Michael midió 8/10 de pie de largo, y el de Peter midió 9/10 de pie de largo. ¿Cuál estudiante tiene el pie más largo? Marca tu respuesta.

A   Ava

B   Sonia

C   Michael

D   Peter

Reporting Category 1 – 3.4 (I) Number and Operations

¿Cuál de los modelos es equivalente a $\frac{1}{2}$? Marca tu respuesta.

A

B

C

D

Reporting Category 1 – 3.4 (I) Number and Operations

¿Cuál de las siguientes opciones representa mejor $\frac{1}{3} = \frac{1}{3}$? Marca tu respuesta.

A $=$ 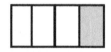   C $=$

B $=$ D $=$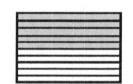

Reporting Category 1 – 3.4 (I) Number and Operations

La abuela de Molly prepara un delicioso pan de maíz. Su receta utiliza $\frac{3}{4}$ taza de harina de maíz, $\frac{1}{2}$ taza de harina, y $\frac{2}{3}$ taza de suero de leche.

¿Cuál lista de fracciones muestra los ingredientes que la abuela de Molly utiliza, en orden de menor a mayor? Marca tu respuesta.

A $\frac{1}{2}, \frac{2}{3}, \frac{3}{4}$ C $\frac{2}{3}, \frac{3}{4}, \frac{1}{2}$

B $\frac{3}{4}, \frac{1}{2}, \frac{2}{3}$ D $\frac{3}{4}, \frac{2}{3}, \frac{1}{2}$

Reporting Category 1 – 3.4 (I) Number and Operations

☐ ¿Cuál de los modelos es equivalente a $\frac{1}{4}$? Marca tu respuesta.

A

B

C

D

Reporting Category 1 – 3.4 (I) Number and Operations

☐ Mariah, Jamie y Destiny compraron una barra de dulce. Mariah comió $\frac{1}{2}$ de su barra de dulce. Jamie comió $\frac{1}{3}$ del suyo, y Destiny comió $\frac{5}{8}$ de su barra de dulce. ¿Cuál de las listas muestra el orden en cantidad en que comieron sus barras de dulce, de mayor a menor? Marca tu respuesta.

A   Destiny, Jamie, Mariah   C   Mariah, Destiny, Jamie

B   Destiny, Mariah, Jamie   D   Jamie, Mariah, Destiny

Reporting Category 1 – 3.4 (I) Number and Operations

☐ Una maestra de arte revisó el suministro de pintura. Ella tiene $\frac{3}{4}$ de galón de pintura naranja, $\frac{1}{2}$ galón de pintura amarilla, y $\frac{1}{8}$ de galón de pintura blanca. Si coloca los recipientes en orden de menor a mayor cantidad de pintura, ¿cuál de las siguientes listas sería correcta? Marca tu respuesta.

A   Naranja, amarilla, blanca   C   Blanca, naranja, amarilla

B   Amarilla, blanca, naranja   D   Blanca, amarilla, naranja

Reporting Category 1 – 3.4 (I) Number and Operations

¿Cuál de las siguientes fracciones seguiría en la serie si se usaran fracciones en lugar de modelos? Marca tu respuesta.

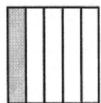  

A $\frac{5}{5}$

B $\frac{1}{2}$

C $\frac{4}{5}$

D $\frac{1}{5}$

Reporting Category 1 – 3.4 (I) Number and Operations

¿Cuál modelo es equivalente a $\frac{2}{3}$? Marca tu respuesta.

A

B

C

D

Reporting Category 1 – 3.4 (I) Number and Operations

La clase de Sra. LeBlanc compró 3 pizzas. El grupo de Jasmine comió $\frac{3}{4}$ de su pizza. El grupo de Blake comió $\frac{7}{8}$ de su pizza, y el de Yolanda comió $\frac{1}{8}$ de su pizza. ¿Cuál lista muestra la cantidad de pizza que comió cada grupo, en orden de mayor a menor? Marca tu respuesta.

A   Yolanda, Jasmine, Blake

B   Blake, Yolanda, Jasmine

C   Blake, Jasmine, Yolanda

D   Jasmine, Yolanda, Blake

Reporting Category 1 – 3.4 (I) Number and Operations

☐ ¿Cuál modelo es equivalente a $\frac{5}{6}$? Marca tu respuesta.

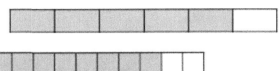

A

B

C

D

Reporting Category 1 – 3.4 (I) Number and Operations

☐ Observa las figuras. ¿Cuál opción muestra las figures en orden de menor a mayor? Marca tu respuesta.

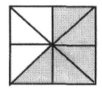 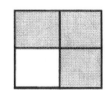 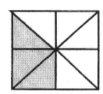

A $\frac{5}{8}, \frac{3}{8}, \frac{3}{4}$ C $\frac{3}{4}, \frac{3}{8}, \frac{5}{8}$

B $\frac{3}{8}, \frac{5}{8}, \frac{3}{4}$ D $\frac{3}{8}, \frac{3}{4}, \frac{5}{8}$

Reporting Category 1 – 3.4 (I) Number and Operations

☐ Una escuela primaria vendió fruta durante los festejos de otoño. Ellos ordenaron 100 cajas de manzanas, naranjas y toronja. Vendieron $\frac{3}{4}$ de cajas de manzana, $\frac{1}{2}$ de cajas de naranja, y $\frac{7}{8}$ de cajas de toronja. Si las cajas de fruta están en orden, de acuerdo a la menor a mayor cantidad de frutas vendidas, ¿cuál orden sería el correcto? Marca tu respuesta.

A   Manzanas, naranjas, toronja   C   Naranjas, toronjas, manzanas

B   Naranjas, manzanas, toronja   D   Toronjas, manzanas, naranjas

Reporting Category 1 – 3.4 (I) Number and Operations

☐ Estos modelos están acomodados en order. ¿Cuál de las siguientes fracciones debería ir en el espacio, si se utilizaran fracciones en lugar de modelos? Marca tu respuesta.

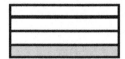 ?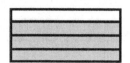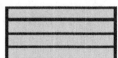

A $\frac{2}{3}$ C $\frac{1}{3}$

B $\frac{3}{4}$ D $\frac{1}{2}$

Reporting Category 1 – 3.4 (I) Number and Operations

☐ ¿Cuál modelo es equivalente a $\frac{1}{6}$? Marca tu respuesta.

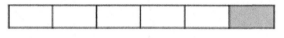

A

B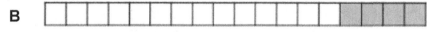

C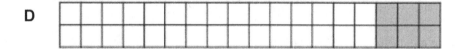

D

Reporting Category 1 – 3.4 (I) Number and Operations

☐ Observa la parte sombreada de los modelos. ¿Cuál modelo muestra $\frac{2}{10}$ = $\frac{1}{5}$? Marca tu respuesta.

A  C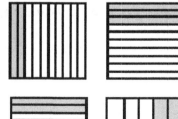

B  D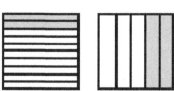

Reporting Category 1 – 3.4 (I) Number and Operations

☐ Broderick, Nathan y Reginald compraron una botella de jugo. A Broderick le queda $\frac{1}{3}$ de jugo en su botella. A Nathan le queda $\frac{2}{8}$ de su botella, y a Reginald le quedan $\frac{3}{6}$ en su botella. ¿Cuál lista de fracciones está en orden de menor a mayor cantidad de jugo restante? Marca tu respuesta.

A $\frac{3}{6}, \frac{1}{3}, \frac{2}{8}$

C $\frac{2}{8}, \frac{1}{3}, \frac{3}{6}$

B $\frac{1}{3}, \frac{2}{8}, \frac{3}{6}$

D $\frac{2}{8}, \frac{3}{6}, \frac{1}{3}$

Reporting Category 1 – 3.4 (I) Number and Operations

☐ ¿Cuál de las siguientes fracciones seguiría en la serie si se usara una fracción en lugar de un modelo? Marca tu respuesta.

 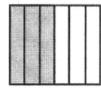 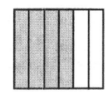

A $\frac{5}{6}$

C $\frac{3}{4}$

B $\frac{1}{5}$

D $\frac{5}{1}$

Reporting Category 1 – 3.4 (I) Number and Operations

☐ La Sra. Blanco horneó 3 pies. Su familia comió $\frac{4}{10}$ del pie de chocolate. También comieron $\frac{1}{4}$ de pie de nuez, y $\frac{1}{2}$ de pie de coco. Si los pies se alinearan en orden, de menor a mayor cantidad de pie comiso, ¿cuál orden sería correcto? Marca tu respuesta.

A Nuez, coco, chocolate

C Nuez, chocolate, coco

B Coco, chocolate, nuez

D Chocolate, nuez, coco

Reporting Category 1 – 3.4 (I) Number and Operations

Observa la parte sombreada de los círculos. ¿Cuál opción muestra la fracción del modelo? Marca tu respuesta.

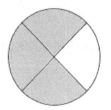 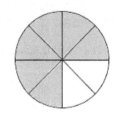

A $\frac{3}{4} < \frac{6}{8}$ C $\frac{3}{4} = \frac{6}{8}$

B $\frac{3}{4} > \frac{6}{8}$ D $\frac{1}{4} < \frac{6}{8}$

Reporting Category 1 – 3.4 (I) Number and Operations

La mamá de Tara preparó cocoa para Tara, Julie y Sydney. La taza de Tara está $\frac{1}{8}$ llena. La taza de Julie está $\frac{3}{4}$ llena, y la taza de Sydney está $\frac{4}{8}$ llena. ¿Cuál opción muestra el orden de las tazas, de mayor a menor cantidad de cocoa? Marca tu respuesta.

A   Sydney, Tara, Julie   C   Julie, Sydney, Tara

B   Julie, Tara, Sydney   D   Tara, Sydney, Julie

Reporting Category 1 – 3.4 (I) Number and Operations

¿Cuál de los modelos es equivalente a $\frac{3}{5}$? Marca tu respuesta.

A

B

C

D

Reporting Category 1 – 3.7 (A) Geometry and Measurement

¿Cuál punto de la línea numérica representa mejor $6\frac{1}{4}$? Marca tu respuesta.

A   T   C   W

B   U   D   V

Reporting Category 1 – 3.7 (A) Geometry and Measurement

El Punto S se representa mejor ¿con cuál número? Marca tu respuesta.

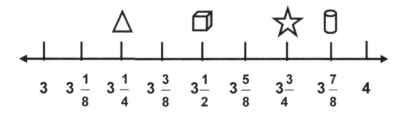

A $5\frac{1}{2}$ C $6\frac{1}{4}$

B $5\frac{1}{4}$ D $5\frac{3}{4}$

Reporting Category 1 – 3.7 (A) Geometry and Measurement

¿Cuál objeto de la línea numérica está en una posición mayor de $3\frac{6}{8}$? Marca tu respuesta.

3 $3\frac{1}{8}$ $3\frac{1}{4}$ $3\frac{3}{8}$ $3\frac{1}{2}$ $3\frac{5}{8}$ $3\frac{3}{4}$ $3\frac{7}{8}$ 4

A   Triángulo   C   Estrella

B   Cilindro   D   Cuadrado

Reporting Category 1 – 3.7 (A) Geometry and Measurement

☐ ¿Cuál punto de la línea numérica representa mejor $8\frac{3}{4}$? Marca tu respuesta.

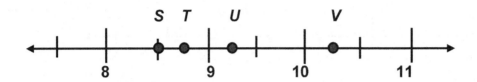

A   V   C   S

B   T   D   U

Reporting Category 1 – 3.7 (A) Geometry and Measurement

☐ ¿Cuál número representa mejor el Punto P? Marca tu respuesta.

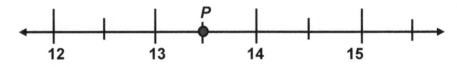

A $14\frac{3}{4}$ C $13\frac{1}{4}$

B $13\frac{3}{4}$ D $13\frac{1}{2}$

Reporting Category 1 – 3.7 (A) Geometry and Measurement

☐ ¿Cuál objeto de la línea numérica está en una posición mayor de $2\frac{5}{6}$? Marca tu respuesta.

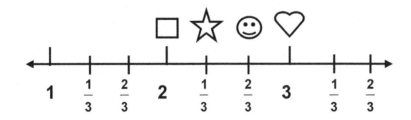

A   Cara   C   Corazón

B   Estrella   D   Cuadrado

Reporting Category 1 – 3.7 (A) Geometry and Measurement

☐ ¿Cuál punto de la línea numérica representa mejor $9\frac{1}{4}$? Marca tu respuesta.

A   *N*   C   *M*

B   *O*   D   *P*

Reporting Category 1 – 3.7 (A) Geometry and Measurement

☐ ¿Qué número representa mejor el Punto Z? Marca tu respuesta.

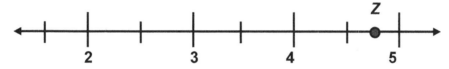

A $3\frac{1}{2}$ C $3\frac{1}{4}$

B $4\frac{3}{4}$ D $4\frac{1}{4}$

Reporting Category 1 – 3.7 (A) Geometry and Measurement

☐ ¿Qué objeto de la línea numérica está en la posición $5\frac{3}{4}$? Marca tu respuesta.

A   Estrella   C   Libro

B   Llave   D   Triángulo

Reporting Category 1 – 3.7 (A) Geometry and Measurement

¿Cuál punto de la línea numérica representa mejor $5\frac{1}{2}$? Marca tu respuesta.

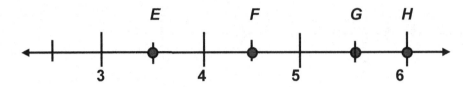

A *E*   C *G*

B *H*   D *F*

Reporting Category 1 – 3.7 (A) Geometry and Measurement

¿Qué número representa mejor el Punto X? Marca tu respuesta.

A $17\frac{3}{4}$ C $17\frac{1}{4}$

B $17\frac{1}{2}$ D $19\frac{1}{2}$

Common Core Standard 3.NF.2 – Numbers & Operations – Fractions

¿Qué objeto de la línea numérica está en la posición $5\frac{4}{8}$? Marca tu respuesta.

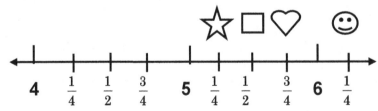

A Cara   C Corazón

B Estrella   D Box

Reporting Category 1 – 3.7 (A) Geometry and Measurement

☐ ¿Cuál punto de la línea numérica representa mejor $13\frac{1}{3}$? Marca tu respuesta.

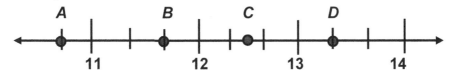

A   *C*   C   *B*

B   *A*   D   *D*

Reporting Category 1 – 3.7 (A) Geometry and Measurement

☐ ¿Qué número representa mejor el Punto Y? Marca tu respuesta.

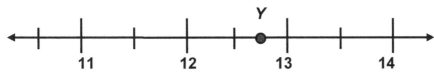

A $12\frac{1}{2}$ C   13

B $12\frac{3}{4}$ D $13\frac{1}{4}$

Reporting Category 1 – 3.7 (A) Geometry and Measurement

☐ ¿Cuál objeto de la línea numérica está en la posición $1\frac{3}{4}$? Marca tu respuesta.

A   Estrella   C   Libro

B   Llave   D   Triángulo

Reporting Category 1 – 3.7 (A) Geometry and Measurement

☐ ¿Cuál punto de la línea numérica representa mejor $5\frac{1}{4}$? Marca tu respuesta.

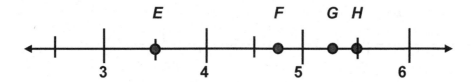

A   E

C   G

B   H

D   F

Reporting Category 1 – 3.7 (A) Geometry and Measurement

☐ ¿Qué número representa mejor el Punto T? Marca tu respuesta.

A $17\frac{3}{4}$

C $17\frac{1}{2}$

B $17\frac{1}{4}$

D $19\frac{1}{2}$

Reporting Category 1 – 3.7 (A) Geometry and Measurement

☐ ¿Cuál objeto de la línea numérica está en la posición mayor a $4\frac{6}{8}$? Marca tu respuesta.

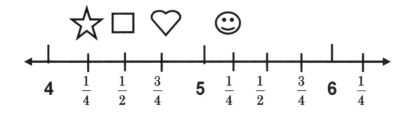

A   Cara

C   Corazón

B   Estrella

D   Cubo

Reporting Category 1 – 3.7 (A) Geometry and Measurement

☐ ¿Cuál punto de la línea numérica representa mejor $2\frac{3}{4}$? Marca tu respuesta.

A	N	C	P
B	O	D	M

Reporting Category 1 – 3.7 (A) Geometry and Measurement

☐ ¿Qué número representa mejor el Punto E? Marca tu respuesta.

A $3\frac{1}{2}$ C $3\frac{1}{4}$

B $3\frac{3}{4}$ D $4\frac{1}{4}$

Reporting Category 1 – 3.7 (A) Geometry and Measurement

☐ ¿Cuál objeto de la línea numérica está en la posición menor a $1\frac{2}{4}$? Marca tu respuesta.

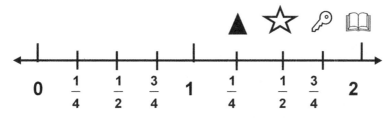

A   Estrella   C   Libro

B   Llave   D   Triángulo

Reporting Category 1 – 3.7 (A) Geometry and Measurement

☐ ¿Cuál punto de la línea numérica representa mejor $3\frac{1}{2}$? Marca tu respuesta.

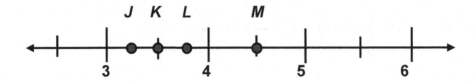

A   K   C   J

B   L   D   M

Reporting Category 1 – 3.7 (A) Geometry and Measurement

☐ ¿Qué número representa mejor el Punto F? Marca tu respuesta.

A $24\frac{3}{4}$ C $24\frac{1}{4}$

B $25\frac{1}{4}$ D $24\frac{1}{2}$

Reporting Category 1 – 3.7 (A) Geometry and Measurement

☐ ¿Cuál objeto de la línea numérica está en la posición mayor a $2\frac{3}{6}$? Marca tu respuesta.

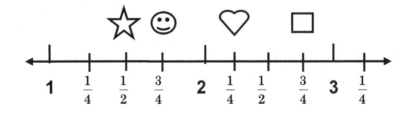

A   Cara   C   Corazón

B   Estrella   D   Cuadrado

Name _____

Reporting Category 2 – 3.4 (A) Numbers and Operations

☐ El Sr. Abels tiene 394 autos y 78 camiones en su lote de autos usados. El Sr. Butler tiene 158 autos más que el Sr. Abels en su lote de autos usados. ¿Cuántos autos hay en total en los 2 lotes de autos usados? Marca tu respuesta.

A   630

B   552

C   1024

D   946

Reporting Category 2 – 3.4 (A) Numbers and Operations

☐ Ben y Casey pasaron todo el sábado trabajando en un puesto ambulante en el estadio de beisbol. Ben creyó que había vendido 155 sodas, y Casey pensó que había vendido 198. El número correcto de las sodas vendidas el sábado era 48 más de las que los 2 muchachos creyeron que habían vendido. ¿Cuántas sodas vendieron el sábado? Marca tu respuesta

A   403

B   305

C   401

D   281

Reporting Category 2 – 3.4 (A) Numbers and Operations

☐ La Srta. Blackman vendió 380 rosas el día de San Valentín. Ella vendió 84 rosas amarillas y 257 rosas rojas. El resto de las rosas que vendió eran blancas. ¿Cuántas rosas blancas vendió? Marca tu respuesta.

A   721

B   123

C   39

D   41

Name _____

Reporting Category 2 – 3.4 (A) Numbers and Operations

☐ Mia ha recogido 73 monedas de 25¢ y 29 de 5¢. Ella tiene el mismo número de monedas de 10¢ de las que tiene de 5¢. ¿Cuántos monedas de 25¢, de 5¢ y de 10¢ tiene Mia en total? Marca tu respuesta.

A 102

B 58

C 131

D 111

Reporting Category 2 – 3.4 (A) Numbers and Operations

☐ En una excursión a la playa Brad encontró 135 conchas, Fred encontró 128 conchas, y Mack encontró 103 conchas. ¿Cuántas conchas encontraron los muchachos en total? Marca tu respuesta.

A 376

B 386

C 375

D 366

Reporting Category 2 – 3.4 (A) Numbers and Operations

☐ La familia de Jeff viajó 918 millas en sus vacaciones. Viajaron 321 millas el primer día y 299 el día siguiente. ¿Cuántas millas viajaron en esos dos días? Marca tu respuesta.

A 510

B 620

C 1,538

D 1,428

Reporting Category 2 – 3.4 (A) Numbers and Operations

☐ El café Mummy's Pizza pidió la semana pasada 203 latas de salsa de tomate y 22 cajas de queso. Esta semana el pidió 98 latas de salsa de tomate más de las que pidió la semana pasada. ¿Cuántas latas de salsa de tomate fueron ordenadas durante las 2 semanas? Marca tu respuesta.

A   526

B   105

C   504

D   323

Reporting Category 2 – 3.4 (A) Numbers and Operations

☐ El grupo de la Sra. Gómez recaudó $199, y el grupo de la Sra. Lancey recaudó $281 para un nuevo laboratorio de computación. El grupo del Sr. Frederick recaudó $20 más de lo recaudado por las otras 2 clases juntas. ¿Cuánto recaudó la clase del Sr. Frederick? Marca tu respuesta.

A $490

B $380

C $502

D $500

Reporting Category 2 – 3.4 (A) Numbers and Operations

☐ Kesha ha coleccionado 664 cajas de cerillos de todas partes de los Estados Unidos. Ella tiene 296 cajas de cerillos de Texas y 87 de Luisiana. El resto de las cajas de cerillos son de otros estados de los EU. ¿Cuántas cajas de cerillos tiene de otros estados? Marca tu respuesta.

A   281

B   383

C   321

D   291

Name _____

Reporting Category 2 – 3.4 (A) Numbers and Operations

El Sr. Baker plantó en su granja 518 plantas de tomate, 326 de pimienta, y 432 de calabaza. ¿Cuántas plantas plantó? Marca tu respuesta.

A   1,275

B   1,276

C   1,266

D   1,376

Reporting Category 2 – 3.4 (A) Numbers and Operations

De los 547 libros que el grupo de la Sra. Banker ha leído desde el principio del año escolar, 355 eran de ficción y 147 eran biografías. ¿Cuántos libros de esas 2 clases han leído los estudiantes? Marca tu respuesta.

A   492

B   592

C   1,049

D   502

Reporting Category 2 – 3.4 (A) Numbers and Operations

El grupo de la Sra. Land leyó 1,128 páginas este año. El grupo de la Sra. Walker leyó 1,361 páginas. ¿Cuántos páginas más ha leído el grupo de la Sra. Walker que el de la Sra. Land? Marca tu respuesta.

A   234

B   233

C   243

D   153

Reporting Category 2 – 3.4 (A) Numbers and Operations

☐ El mes pasado un museo del arte exhibió 117 pinturas de artistas locales y 28 pinturas de artistas famosos. Este mes el museo está exhibiendo 96 pinturas más de artistas locales que el mes pasado. ¿Cuántas pinturas de artistas locales ha exhibido el museo en los últimos 2 meses? Marca tu respuesta.

A   213

B   330

C   241

D   21

Reporting Category 2 – 3.4 (A) Numbers and Operations

☐ El Famous Cinema vendió 295 boletos este fin de semana, y el Movie Nine vendió 317. Double Cinema vendió 98 boletos más que los otros 2 cines. ¿Cuántos boletos vendió Double Cinema? Marca tu respuesta.

A   710

B   612

C   100

D   120

Reporting Category 2 – 3.4 (A) Numbers and Operations

☐ Blake tiene un libro de colección de monedas con 215 páginas. Él ha llenado 57 páginas con monedas de 5¢ y 10¢, y 139 páginas con monedas de 1¢. ¿Si quiere llenar todas las páginas, cuántos más necesita llenar? Marca tu respuesta.

A   411

B   19

C   196

D   124

Reporting Category 2 – 3.4 (A) Numbers and Operations

☐ **Ryan sacó de la biblioteca un libro acerca de Abraham Lincoln. De las 538 páginas totales del libro, él leyó 173 ayer por la noche y 218 esta noche. ¿Cuántas páginas leyó durante los 2 días? Marca tu respuesta.**

A   383

B   381

C   391

D   390

Reporting Category 2 – 3.4 (A) Numbers and Operations

☐ **Un tren llevó 478 libras de carga a Hunterville. Después llevó 721 libras de carga a la ciudad de Elton. ¿Cuántas libras de carga más fueron entregadas a la ciudad de Elton que a Hunterville? Marca tu respuesta.**

A   357

B   1,169

C   243

D   353

Reporting Category 2 – 3.4 (A) Numbers and Operations

☐ **Fred vive a 2,364 millas de sus abuelos. Patrick vive a 1,255 millas de sus abuelos. ¿Cuánto más lejos viven los abuelos de Fred que los de Patrick? Marca tu respuesta.**

A   1,109

B   1,119

C   3,619

D   1,108

Reporting Category 2 – 3.4 (A) Numbers and Operations

☐ La madre de Kathy compró un paquete con 150 estrellas plateadas y un paquete con 299 estrellas doradas. También compró otro paquete de estrellas doradas que contenía 250 estrellas más que el primer paquete que había comprado. ¿Cuántas estrellas doradas tuvo en los 2 paquetes? Marca tu respuesta.

A   699

B   848

C   738

D   449

Reporting Category 2 – 3.4 (A) Numbers and Operations

☐ Brad pensó que había encontrado 108 bellotas y 255 piñas de pino en un parque. Cuando contó las bellotas y las piñas del pino, se percató que tenía 37 más de las que él pensaba. ¿Cuántas piñas de pino y bellotas encontró Brad? Marca tu respuesta.

A   363

B   390

C   400

D   292

Reporting Category 2 – 3.4 (A) Numbers and Operations

☐ Madison gastó $3.84 en dulces. Pagó 99¢ por un paquete de dulces de hierbabuena y $1.29 por una bolsa de caramelos de chocolate. El resto de su dinero lo gastó en fruta escarchada. ¿Cuánto pagó por la fruta escarchada? Marca tu respuesta.

A $1.56

B $6.12

C $2.28

D $2.14

Reporting Category 2 – 3.4 (A) Numbers and Operations

☐ El Sr. Mason gastó $985 dólares en electrodomésticos. Pagó $155 por un horno de microondas y $459 por un lavaplatos. ¿Cuánto gastó en esos dos aparatos? Marca tu respuesta.

A $614

B $1,599

C $371

D $504

Reporting Category 2 – 3.4 (A) Numbers and Operations

☐ Un restaurante utilizó 341 servilletas, 469 vasos y 299 platos desechables en un día. ¿Cuántos productos utilizó el restaurante en total? Marca tu respuesta.

A 768

B 1,109

C 999

D 1,009

Reporting Category 2 – 3.4 (A) Numbers and Operations

☐ Hanna ha coleccionado 110 postales de varias ciudades, y ha coleccionado 306 cajas de cerillos de restaurantes. ¿Cuántas cajas de cerillos más que postales ha coleccionado? Marca tu respuesta.

A 196

B 416

C 216

D 296

Reporting Category 2 – 3.4 (B) Numbers and Operations

☐ **Benjamín compró tres artículos en una venta de garaje. ¿Qué operación muestra la mejor manera de estimar cuánto dinero gastó por los tres artículos? Marca tu respuesta.**

A   400 + 400 + 200 = 1000

B   400 + 300 + 200 = 900

C   400 + 300 + 100 = 800

D   400 + 400 + 100 = 900

$4.10

$3.45

$1.75

Reporting Category 2 – 3.4 (B) Numbers and Operations

☐ **Los alumnos de la Sra. Nation compararon el número de páginas en sus libros de textos. ¿Qué operación muestra la mejor manera de estimar el número de páginas en todos los libros de textos? Marca tu respuesta.**

A   200 + 80 + 400 + 100 = 780

B   300 + 100 + 400 + 100 = 900

C   280 + 90 + 430 + 100 = 900

D   300 + 90 + 400 + 90 = 880

Nombre del Libro	Número de Páginas
Mathematics	281
Spelling	87
Dictionary	427
Language	98

Reporting Category 2 – 3.4 (B) Numbers and Operations

☐ **El Sr. Alfonso paseó en su bicicleta 86 millas la semana pasada y 74 millas esta semana. ¿Qué operación muestra la mejor manera de estimar cuántas millas más paseó la semana pasada que esta semana? Marca tu respuesta.**

A   90 − 70 = 20

B   80 − 70 = 10

C   90 + 70 = 160

D   80 + 80 = 160

Name _____

Reporting Category 2 – 3.4 (B) Numbers and Operations

☐ La escuela Chandler Elementary tiene dos grupos de tercer grado. La clase de la Srta. Tucker tiene 28 estudiantes y el de la Sra. Vincent tiene 22 estudiantes. ¿Qué operación muestra la mejor manera de estimar cuántos estudiantes más hay en el grupo de Srta. Tucker que en el de la Sra. Vincent? Marca tu respuesta.

A   20 – 30 = 10

B   30 + 20 = 50

C   30 – 20 = 10

D   30 + 30 = 60

Reporting Category 2 – 3.4 (B) Numbers and Operations

☐ El Sr. Franklin compró un sofá por $365, un colchón nuevo por $899, y una mesa pequeña por $73. ¿Qué operación muestra la mejor manera de estimar cuánto dinero gastó por estos artículos del hogar? Marca tu respuesta.

A   400 + 800 + 100 = 1300

B   400 + 900 + 70 = 1370

C   300 + 800 + 70 = 1800

D   300 + 900 + 100 = 1300

Reporting Category 2 – 3.4 (B) Numbers and Operations

☐ La siguiente tabla muestra el precio de una suscripción anual en cinco revistas. ¿Qué operación muestra la mejor manera de estimar el costo de suscripción a todas las revistas? Marca tu respuesta.

A   40 + 70 + 10 + 50 + 40 = 210

B   30 + 80 + 20 + 60 + 50 = 240

C   40 + 80 + 20 + 60 + 40 = 240

D   30 + 80 + 20 + 60 + 40 = 230

Nombre de la Revista	Precio de Suscripción
Famous Chefs	$34
Leisure Travel	$76
Crossword Fun	$19
Motor Sports	$58
Mystery Stories	$42

Reporting Category 2 – 3.4 (B) Numbers and Operations

El libro de Macy tiene 109 páginas. El libro de Sara tiene 72 páginas más que el libro de Macy. ¿Qué operación muestra la mejor manera de estimar el número de páginas en el libro de Sara? Marca tu respuesta.

A   100 – 70 = 30

B   100 + 70 = 170

C   110 – 70 = 40

D   110 + 100 = 210

Reporting Category 2 – 3.4 (B) Numbers and Operations

La entrada del Sr. Walker tenía 48 pies de largo. Él amplió la longitud a 81 pies. ¿Qué operación muestra la mejor manera de estimar cuántos pies agregó a la longitud de su entrada? Marca tu respuesta.

A   80 – 40 = 40

B   100 + 50 = 150

C   80 + 50 = 130

D   80 – 50 = 30

Reporting Category 2 – 3.4 (B) Numbers and Operations

La siguiente tabla muestra los ritmos cardíacos, en latidos por minuto, de cuatro estudiantes después de participar en una carrera. ¿Qué operación muestra la mejor manera de estimar el total de latidos por minuto de los estudiantes? Marca tu respuesta.

A   100 + 200 + 200 + 100 = 600

B   100 + 200 + 200 + 200 = 700

C   200 + 200 + 200 + 200 = 800

D   100 + 200 + 100 + 100 = 500

Nombre del Alumno	Latido Cardiaco
Madison	110
Brady	190
Reese	160
Susan	130

Reporting Category 2 – 3.4 (B) Numbers and Operations

☐   La siguiente tabla muestra el peso de algunos de los estudiantes del salón 9. ¿Qué operación muestra la mejor forma de estimar el peso total de los estudiantes? Marca tu respuesta.

Alumno	Peso
Jim	78
Roger	110
Danny	124
Bob	95

A   80 + 100 + 120 + 100 = 400

B   70 + 100 + 100 + 90 = 360

C   100 + 100 + 100 + 100 = 400

D   80 + 110 + 120 + 100 = 410

Reporting Category 2 – 3.4 (B) Numbers and Operations

☐   Mark gastó $41 el lunes, $64 el martes, $37 el miércoles, y $22 el jueves. ¿Qué operación muestra la mejor forma de estimar cuánto dinero gastó? Marca tu respuesta.

A   40 + 60 + 40 + 20 = 160

B   40 + 70 + 40 + 20 = 170

C   50 + 70 + 40 + 30 = 190

D   40 + 60 + 30 + 20 = 150

Reporting Category 2 – 3.4 (B) Numbers and Operations

☐   La Srta. Mason consumió 532 calorías en el desayuno, 906 calorías en el almuerzo, y 849 calorías en la cena. ¿Qué operación muestra la mejor forma de estimar cuántas calorías consumió? Marca tu respuesta.

A   500 + 900 + 900 = 2300

B   500 + 900 + 800 = 2200

C   530 + 900 + 850 = 2280

D   600 + 900 + 300 = 1800

Reporting Category 2 – 3.4 (D) Numbers and Operations

☐ **Macye compró 8 paquetes de caramelos para dar en Halloween. Cada paquete tenía 52 piezas. ¿Cuántas piezas de caramelo tenía Macye? Marca tu respuesta.**

A   60

B   416

C   406

D   4,016

Reporting Category 2 – 3.4 (D) Numbers and Operations

☐ **Jackson tenía 3 jaulas de conejo. Él puso 9 conejos y 2 zanahorias en cada jaula. ¿Cuántos conejos tiene Jackson en total? Marca tu respuesta.**

A   12

B   6

C   14

D   27

Reporting Category 2 – 3.4 (D) Numbers and Operations

☐ **Un grupo de estudiantes clasificó algunos números en grupos. ¿Qué número podría estar en el centro del diagrama de Venn? Marca tu respuesta.**

A   33

B   27

C   30

D   36

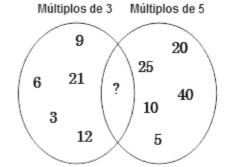

Múltiplos de 3   Múltiplos de 5

9   20
6   21   25
    ?   40
3   10
12   5

Reporting Category 2 – 3.4 (D) Numbers and Operations

Natalie colocó algunas bolas numeradas en grupos. ¿Cuál numeró de bola se podría colocar en el centro del diagrama de Venn? Marca tu respuesta.

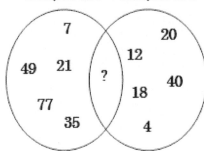

A   63

B   42

C   24

D   8

Reporting Category 2 – 3.4 (D) Numbers and Operations

Mandy encontró una caja de libros viejos. Ella hizo 4 montones con 18 libros en cada montón. ¿Cuántos libros encontró Mandy? Marca tu respuesta.

A   22

B   42

C   14

D   72

Reporting Category 2 – 3.4 (D) Numbers and Operations

Cory desea comprar regalos de Navidad para 5 de sus amigos. Si le compra a cada amigo un libro que cuesta $5, y un separador que cuesta $2, ¿cuánto gastará en total por los libros? Marca tu respuesta.

A $35

B $25

C $10

D $50

Reporting Category 2 – 3.4 (D) Numbers and Operations

☐ El Sr. Gibson compró 4 llantas nuevas para su auto. Pagó $97 por cada llanta. ¿Cuánto pagó por todas las llantas? Marca tu respuesta.

A $101

B $368

C $388

D $364

Reporting Category 2 – 3.4 (D) Numbers and Operations

☐ Jack clasificó algunos azulejos numerados en grupos. ¿Cuál número de azulejo no podría estar en el centro del diagrama de Venn? Marca tu respuesta.

A   36

B   72

C   108

D   20

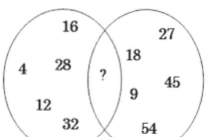

Múltiplos de 4   Múltiplos de 9

16   27
4   28   18
?   45
12   9
32   54

Reporting Category 2 – 3.4 (D) Numbers and Operations

☐ Tanner compró 3 paquetes de tarjetas de béisbol y 6 paquetes de goma de mascar. Había 9 pedazos de goma de mascar en cada paquete. ¿Cuántos pedazos de goma de mascar compró? Marca tu respuesta.

A   54

B   18

C   27

D   45

Reporting Category 2 – 3.4 (D) Numbers and Operations

[ ] Los invitados a la fiesta de cumpleaños de Susan recibieron 2 mantecados y 6 mentas del chocolate cada uno. Si ella invitó a 9 amigos a su fiesta de cumpleaños, ¿cuántas mentas del chocolate ofreció Susan? Marca tu respuesta.

A   11

B   15

C   18

D   54

Reporting Category 2 – 3.4 (D) Numbers and Operations

[ ] El Sr. Milton clasificó un sistema de números del 1 al 50 en grupos. ¿Qué número NO podría estar en el centro del diagrama de Venn?   Marca tu respuesta.

A   50

B   45

C   30

D   15

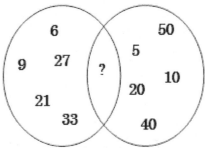

Reporting Category 2 – 3.4 (D) Numbers and Operations

[ ] Michael compró 4 cartones de cola. Cada cartón tenía 9 botellas de cola. ¿Cuántas botellas de cola compró? Marca tu respuesta.

A   15

B   42

C   36

D   13

Reporting Category 2 – 3.4 (E) Numbers and Operations

☐ Observa la tabla. ¿Cuál par de números es el siguiente? Marca tu respuesta.

Camiones	1	4	7	10	?
Llantas	4	16	28	40	?

A   12, 48

B   13, 42

C   11, 41

D   13, 52

Reporting Category 2 – 3.4 (E) Numbers and Operations

☐ Alfredo alimenta a sus perros con 2 tazas diarias de alimento. ¿Cuál tabla muestra correctamente cuántas tazas de alimento utiliza a diario, si alimenta a 4 perros, 8 perros, ó 10 perros? Marca tu respuesta.

A

Número de Perros	Tazas de Alimento Necesario
4	6
8	10
10	12

C

Número de Perros	Tazas de Alimento Necesario
4	8
8	16
10	20

B

Número de Perros	Tazas de Alimento Necesario
4	8
8	12
10	14

D

Número de Perros	Tazas de Alimento Necesario
4	8
8	10
10	12

Reporting Category 2 – 3.4 (E) Numbers and Operations

☐ Bob compró 3 paquetes de latas de soda. Había 6 latas de soda en cada paquete. ¿Cuántas latas de soda compró? Marca tu respuesta.

A   12

B   9

C   18

D   15

Reporting Category 2 – 3.4 (E) Numbers and Operations

☐ ¿Cuál imagen muestra la operación numérica 3 × 5 = 15? Marca tu respuesta.

A

C

B

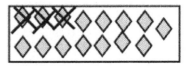

D

Reporting Category 2 – 3.4 (E) Numbers and Operations

☐ Jesse tiene 3 jaulas de conejo. Él puso 7 conejos en cada jaula. ¿Cuántos conejos tiene Jesse en total? Marca tu respuesta.

A   11

B   21

C   20

D   10

Reporting Category 2 – 3.4 (E) Numbers and Operations

☐ Kathy, Beth, Laura, Fran, y Anne tienen 3 flores cada una. ¿Cuál imagen muestra cuántas flores tienen todas en total? Marca tu respuesta.

A

B

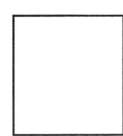

C

D

Reporting Category 2 – 3.4 (E) Numbers and Operations

☐ **Macy subió las escaleras en su escuela y contó el número de escalones que una persona debía subir para llegar al siguiente nivel. ¿Cuántos escalones hay para llegar al nivel 4? Marca tu respuesta.**

Nivel	1	2	3	4
Número de escalones	10	20	30	?

A   31

B   45

C   40

D   35

Reporting Category 2 – 3.4 (E) Numbers and Operations

☐ **Marie compró 2 paquetes de caramelo. Había 6 pedazos del caramelo en cada paquete. ¿Cuántas piezas de caramelo tenía Marie? Marca tu respuesta.**

A   12

B   8

C   4

D   14

Reporting Category 2 – 3.4 (E) Numbers and Operations

☐ **José formó 4 montones con 5 bloques cada uno. ¿Cuál imagen muestra cuántos bloques tenía José? Marca tu respuesta.**

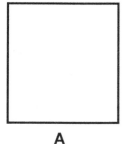   

A   B   C   D

Reporting Category 2 – 3.4 (E) Numbers and Operations

☐ **Observa la siguiente tabla. ¿Cuál par de números seguiría? Marca tu respuesta.**

Paquetes de chicle	2	3	6	7	?
Barras de chicle	10	15	30	35	?

A   8, 36

B   10, 50

C   9, 50

D   10, 36

Reporting Category 2 – 3.4 (E) Numbers and Operations

☐ **Mason y sus tres amigos llevaron a la escuela 2 gorros de fiesta para un programa especial. ¿Cuál cuadro muestra cuántos gorros de fiesta llevaron en conjunto? Marca tu respuesta.**

A   B   C   D

Reporting Category 2 – 3.4 (E) Numbers and Operations

☐ **Zachary compró 4 libros de estampas. En cada libro hay 8 estampas. ¿Cuántas estampas compró Zachary en total? Marca tu respuesta.**

A   12

B   4

C   32

D   24

Name _____

Reporting Category 2 – 3.4 (E) Numbers and Operations

☐ Felica encontró una caja de huevos de Pascua de plástico. Había 4 filas de huevos con 6 huevos en cada fila. ¿Cuántos huevos había en total? Marca tu respuesta.

A   2

B   10

C   25

D   24

Reporting Category 2 – 3.4 (E) Numbers and Operations

☐ La Sra. Baker utiliza 4 paquetes de hilo en cada suéter que teje. ¿Qué tabla muestra correctamente cuántos paquetes de hilo necesita para hacer 3, 6, ó 10 suéteres? Marca tu respuesta.

A

Número de Suéteres	Madejas de Hilo
3	12
6	18
10	30

C

Número de Suéteres	Madejas de Hilo
3	7
6	13
10	17

B

Número de Suéteres	Madejas de Hilo
3	7
6	10
10	14

D

Número de Suéteres	Madejas de Hilo
3	12
6	24
10	40

Reporting Category 2 – 3.4 (E) Numbers and Operations

☐ La escuela de Greg jugó fútbol el viernes en la noche. La tabla muestra los touchdowns que marcó el equipo y el marcador final. ¿Qué número falta en la tabla? Marca tu respuesta.

A   28

B   23

C   24

D   27

Touchdowns	Marcador
1	7
2	14
3	21
4	?
5	35

Reporting Category 2 – 3.4 (E) Numbers and Operations

☐ **Los conejos de Kathy comen 4 zanahorias todos los días. ¿Cuántas zanahorias comerán en 4 días? Marca tu respuesta.**

A 8

B 16

C 18

D 12

Reporting Category 2 – 3.4 (E) Numbers and Operations

☐ **Observa la siguiente tabla. ¿Cuál par de nombres debe seguir? Marca tu respuesta.**

Niños	2	4	5	7	?
Camisetas	6	12	15	21	?

A 9, 27

B 8, 24

C 8, 26

D 9, 15

Reporting Category 2 – 3.4 (E) Numbers and Operations

☐ **Melinda quiere comprar 2 globos a cada uno de sus 7 ammigos. ¿Cuántos globos necesita comprar ella? Marca tu respuesta.**

A 12

B 9

C 10

D 14

Reporting Category 2 – 3.4 (E) Numbers and Operations

☐ ¿Cuánto costarían 5 boletos para el cine? Marca tu respuesta.

Boletos	1	2	3	4	5
Precio	$3	$6	$9	$12	?

A $8

B $13

C $12

D $15

Reporting Category 2 – 3.4 (E) Numbers and Operations

☐ Un equipo de fútbol juega cada noche de viernes. Los juegos que se han jugado están, sombreados. ¿Cuál es la fecha del siguiente juego de fútbol? Marca tu respuesta.

Dom.	Lun.	Mar.	Mier.	Jue.	Vier.	Sab.
				1	2	3
4	5	6	7	8	9	10
11	12	13	14	15	16	17

A   18

B   22

C   23

D   25

Reporting Category 2 – 3.4 (E) Numbers and Operations

☐ En la fiesta de cumpleaños de Susan se les dio 2 mantecados a cada unos de sus amigos. ¿Había 8 amigos en su fiesta. ¿Cuántos mantecados había en total? Marca tu respuesta.

A   18

B   16

C   10

D   14

Name _____

Reporting Category 2 – 3.4 (E) Numbers and Operations

☐ Había 4 vasos sobre la mesa. Cada vaso tenía 3 cubos de hielo. ¿Cuántos cubos había en todos los vasos? Marca tu respuesta.

A 4

B 15

C 7

D 12

Reporting Category 2 – 3.4 (E) Numbers and Operations

☐ La Sra. Baker compró 2 cajas de conos de helado en la tienda. Había 3 conos de helado en cada caja. ¿Cuál imagen muestra cuántos conos de helado compró? Marca tu respuesta.

A   B   C   D

Reporting Category 2 – 3.4 (E) Numbers and Operations

☐ Calvin está formando pilas de cajas. Observa el patrón. ¿Cuántas cajas irían en el siguiente montón? Marca tu respuesta.

?

A   14   C   12

B   9   D   8

Reporting Category 2 – 3.4 (F) Number and Operations

Jacob tiene 4 veces más tarjetas de béisbol que Elijah. Elijah tiene 8 tarjetas. ¿Cuántas tarjetas tiene Jacob? Marca tu respuesta.

A   32

B   36

C   28

D   12

Reporting Category 2 – 3.4 (F) Number and Operations

¿Cuál es el producto de 7 × (4 × 2)? Marca tu respuesta.

A   14

B   28

C   27

D   56

Reporting Category 2 – 3.4 (F) Number and Operations

¿Cuál multiplicación tiene un producto de 96? Marca tu respuesta.

A   90 + 6

B   12 × 8

C   9 × 10

D   (3 × 2) × 9

Reporting Category 2 – 3.4 (F) Number and Operations

☐ Los alumnos de la Sra. Blanco se sientan en parejas. Si hay 12 parejas, ¿cuántos alumnos hay en el salón? Marca tu respuesta.

A   26

B   22

C   28

D   24

Reporting Category 2 – 3.4 (F) Number and Operations

☐ Una fábrica de lápices empaca 10 lápices en una caja y 4 cajas en un cartón. Una escuela pidió 3 cartones. ¿Cuál operación numérica puedes usar para encontrar el total de lápices que ordenó la escuela?

A $(10 \times 4) \times 3$

B $(4 + 3) \times 10$

C $10 + 4 + 3$

D 14×3

Reporting Category 2 – 3.4 (F) Number and Operations

☐ Hannah tiene 72 muñecas. Ella quiere poner muñecas en 8 canastas, de manera que en cada canasta tenga el mismo número de muñecas. ¿Cuántas muñecas habrá en cada canasta? Marca tu respuesta.

A   6

B   7

C   8

D   9

Reporting Category 2 – 3.4 (F) Number and Operations

☐ Brooke camina 3 millas cada semana. Maneja su bicicleta 4 millas a la semana. ¿Cuántas millas caminará en 4 semanas? Marca tu respuesta.

A   7

B   48

C   12

D   16

Reporting Category 2 – 3.4 (F) Number and Operations

☐ ¿Cuál multiplicación tiene un producto de 64? Marca tu respuesta.

A   8 × 8

B   50 + 14

C   8 × 7

D   6 × 10

Reporting Category 2 – 3.4 (F) Number and Operations

☐ La clase de ciencia del Sr. Johnson estudió a las arañas. El Sr. Johnson tiene una colección de 5 arañas. ¿Cuántas patas de araña en total hay en el salón de ciencia del Sr. Johnson? Marca tu respuesta.

A   13

B   26

C   30

D   40

Reporting Category 2 – 3.4 (F) Number and Operations

☐   **Las mesas de un restaurant tienen arreglos florales con 7 flores cada una. Hay 5 mesas en un área para comer y 6 mesas fuera del área de comer. ¿Cuál operación numérica muestra cuántas flores hay en todos los arreglos? Marca tu respuesta.**

A   7 + 5 + 6

B   5 × 6

C   (5 + 6) × 7

D   7 × 10

Reporting Category 2 – 3.4 (F) Number and Operations

☐   **¿Cuál es el producto de (3 × 3) × 9? Marca tu respuesta.**

A   54

B   27

C   81

D   72

Reporting Category 2 – 3.4 (F) Number and Operations

☐   **Peter tiene 6 cajas con un total de 54 libros. Si cada caja tiene un número igual de libros, ¿cuántos libros hay en cada caja? Marca tu respuesta.**

A   9

B   8

C   7

D   6

Reporting Category 2 – 3.4 (F) Number and Operations

☐ **Markus fue a la tienda con su mamá. Su mamá le dijo que podía comprar 6 juguetes para sus amigos. Si cada juguete cuesta $7, ¿cuánto gastó su mamá en todos los juguetes? Marca tu respuesta.**

A $13

B $42

C $35

D $76

Reporting Category 2 – 3.4 (F) Number and Operations

☐ **Para su 9° cumpleaños Gavin recibió una tarjeta de cada una de sus 2 abuelas. Cada abuela puso $5 en la tarjeta. ¿Qué operación muestra cuánto dinero recibió Gavin en su cumpleaños de parte de sus abuelas? Marca tu respuesta.**

A $2 + 5$

B $2 + 5 + 9$

C $(2 \times 5) \times 9$

D 2×5

Reporting Category 2 – 3.4 (F) Number and Operations

☐ **A Marsha le dejaron tarea de lectura. Tenía que leer 8 páginas diarias de su libro favorito. ¿Cuántas páginas leyó en 5 días? Marca tu respuesta.**

A 13

B 30

C 35

D 40

Reporting Category 2 – 3.4 (F) Number and Operations

☐ ¿Cuál multiplicación tiene un producto de 144? Marca tu respuesta.

A   (9 × 7) × 2

B   (9 × 9) × 3

C   12 × (4 × 3)

D   12 + (4 × 3)

Reporting Category 2 – 3.4 (F) Number and Operations

☐ Luis hace 9 abdominales en EF todos los días de la semana. ¿Cuántas abdominales hace en una semana de escuela? Marca tu respuesta.

A   9

B   36

C   63

D   45

Reporting Category 2 – 3.4 (F) Number and Operations

☐ ¿Cuál es el producto de 6 × (4 × 3)? Marca tu respuesta.

A   72

B   42

C   24

D   18

Reporting Category 2 – 3.4 (F) Number and Operations

Hay 6 equipos de baloncesto en el torneo anual. Cada equipo tiene 5 jugadores. ¿Cuál es el número total de jugadores de baloncesto en el torneo? Marca tu respuesta.

A   11

B   20

C   25

D   30

Reporting Category 2 – 3.4 (F) Number and Operations

¿Cuál multiplicación tiene un producto de 42? Marca tu respuesta.

A   (3 × 3) × 6

B   (2 × 3) × 7

C   9 × (4 × 2)

D   6 + (4 + 3)

Reporting Category 2 – 3.4 (F) Number and Operations

Angelina come 5 rebanadas de pan y toma 8 vasos de agua todos los días. ¿Cuántas rebanadas de pan come en una semana de 7 días? Marca tu respuesta.

A   56

B   91

C   12

D   35

Reporting Category 2 – 3.4 (F) Number and Operations

☐ ¿Cuál es el producto de 5 × (6 × 2)? Marca tu respuesta.

A   72

B   22

C   60

D   50

Reporting Category 2 – 3.4 (F) Number and Operations

☐ Se están limpiando las ventanas del Turner Insurance Building. Hay 5 pisos en el edificio. En cada piso hay 3 oficinas con 4 ventanas en cada una. ¿Qué operación se podría usar para encontrar el número total de ventanas que se limpiaron en el edificio? Marca tu respuesta.

A   5 × (3 × 4)

B   5 + (3 × 4)

C   5 + 3 + 4

D   (5 × 3) + 4

Reporting Category 2 – 3.4 (F) Number and Operations

☐ La mamá de Marcie compró algunos huevos en la tienda. Cada cartón tiene 8 huevos. La madre de Marcie quiere comprar 40 huevos para preparar una torta. ¿Cuántos cartones necesita comprar? Marca tu respuesta.

A   5

B   6

C   7

D   8

Reporting Category 2 – 3.4 (G) Number and Operations

☐ Si cada autobús de la escuela Brighton Elementary tiene 32 asientos, ¿cuántos asientos hay en total en 3 autobuses de la escuela. Marca tu respuesta.

A 16

B 64

C 72

D 96

Reporting Category 2 – 3.4 (G) Number and Operations

☐ Encuentra el número que falta. Asegúrate de demostrar tu cálculo. Marca tu respuesta.

$$
\begin{array}{r}
23 \\
\times 3 \\
\hline
\boxed{}
\end{array}
$$

A 56 C 69

B 65 D 96

Reporting Category 2 – 3.4 (G) Number and Operations

☐ En la clase matutina de arte de la Sra. Yellowhawk hay 24 estudiantes de tercer grado. También tiene 24 estudiantes de cuarto grado en su clase de arte del mediodía. Si todas sus clases tienen el mismo número de estudiantes, ¿cuántos estudiantes en total tiene la Sra. Yellowhawk en sus cuatro clases de arte? Marca tu respuesta.

A 96

B 69

C 88

D 86

Reporting Category 2 – 3.4 (G) Number and Operations

☐ Hay 4 equipos de soccer en un torneo. Si hay once jugadores por equipo, ¿cuál es el número total de jugadores por torneo? Marca tu respuesta.

A   41

B   42

C   43

D   44

Reporting Category 2 – 3.4 (G) Number and Operations

☐ Escribe el número que falta. Asegúrate de demostrar tu cálculo. Marca tu respuesta.

A   264

B   258

C   252

D   49

$$6 \times 43 = \boxed{}$$

Reporting Category 2 – 3.4 (G) Number and Operations

☐ Jeff quería saber cuántas botellas había en 8 paquetes de agua mineral. Si cada paquete contiene 12 botellas, ¿cuántas botellas habría en total? Marca tu respuesta.

A   86

B   96

C   68

D   69

Reporting Category 2 – 3.4 (G) Number and Operations

Los coches en el estacionamiento del museo se acomodan en 4 filas con 9 coches en cada fila. ¿Cuántos coches hay en total en todo el estacionamiento? Marca tu respuesta.

A   5

B   45

C   36

D   13

Reporting Category 2 – 3.4 (G) Number and Operations

Escribe el número que falta. Asegúrate de demostrar tu cálculo. Marca tu respuesta.

A   90

B   80

C   70

D   60

$$\begin{array}{r} 18 \\ \times\ 5 \\ \hline \boxed{} \end{array}$$

Reporting Category 2 – 3.4 (G) Number and Operations

En el desfile del 4 de julio, Kyle vio los soldados del ejército americano que marchaban en la calle. Los soldados marchaban en 5 filas, con 15 soldados en cada fila. ¿Cuántos soldados en total vio Kyle marchando? Marca tu respuesta.

A   55

B   65

C   75

D   85

Reporting Category 2 – 3.4 (G) Number and Operations

☐ Ava lee a su mamá 12 páginas de su libro sobre mitología griega cada noche. Si ella lee el mismo libro durante 6 días ¿cuántas páginas en total habrá leído Ava? Marca tu respuesta.

A   72

B   62

C   52

D   42

Reporting Category 2 – 3.4 (G) Number and Operations

☐ Escribe el número que falta. Asegúrate de demostrar tu cálculo.   Marca tu respuesta.

A   38

B   240 $30 \times 8 = \boxed{}$

C   210

D   248

Reporting Category 2 – 3.4 (G) Number and Operations

☐   Juan fue a la tienda de mascotas con su amigo Frank. Ellos vieron cuatro acuarios con diecisiete peces en cada acuario. ¿Cuántos peces vieron en total los muchachos en la tienda de mascotas? Marca tu respuesta.

A   48

B   58

C   68

D   78

Reporting Category 2 – 3.4 (G) Number and Operations

☐   Sonia compró 12 paquetes de vasos para la fiesta de Halloween de este sábado. Si cada paquete tiene 6 vasos, ¿cuántos vasos compró ella en total? Marca tu respuesta.

A   62

B   72

C   82

D   92

Reporting Category 2 – 3.4 (G) Number and Operations

☐   Escribe el número que falta. Asegúrate de demostrar tu cálculo. Marca tu respuesta.

A   64

B   74

C   84

D   94

$$\begin{array}{r} 14 \\ \times\ 6 \\ \hline \boxed{} \end{array}$$

Reporting Category 2 – 3.4 (G) Number and Operations

☐   En la tienda local de juguetes, el precio de una muñeca Barbie es $28. Jacob quiere comprar 3 muñecas para sus hermanitas. ¿Cuánto dinero gastó Jacob por las muñecas, antes del impuesto? Marca tu respuesta.

A $64

B $68

C $74

D $84

Reporting Category 2 – 3.4 (G) Number and Operations

☐ El padre de Peter le dijo que le pagaría $14 por cada cuarto que pintara en su casa. Si le llevó a Peter 4 días para pintar 5 cuartos, ¿cuánto dinero ganó por pintar los cuartos? Marca tu respuesta.

A $50

B $60

C $70

D $80

Reporting Category 2 – 3.4 (G) Number and Operations

☐ Escribe el número que falta. Asegúrate de demostrar tu cálculo. Marca tu respuesta.

A 65

B 75

C 85

D 95

$$\begin{array}{r} 25 \\ \times\ 3 \\ \hline \ \square\ \end{array}$$

Reporting Category 2 – 3.4 (G) Number and Operations

☐ María recibió 5 ramos de flores de sus amigos por su cumpleaños. Si cada ramo tiene 12 flores, ¿cuántas flores en total recibió María? Marca tu respuesta.

A 60

B 70

C 50

D 90

Reporting Category 2 – 3.4 (G) Number and Operations

☐ La mamá de Michael compró 21 libras de manzanas para el festival de Halloween de la escuela. El precio de 1 libra de manzanas es $4. ¿Cuánto gastó la mamá de Michael en todas las manzanas? Marca tu respuesta.

A $74

B $84

C $64

D $94

Reporting Category 2 – 3.4 (G) Number and Operations

☐ Escribe el número que falta. Asegúrate de demostrar tu cálculo. Marca tu respuesta.

$$6 \times 24 = \boxed{}$$

A 150   C 30

B 144   D 138

Reporting Category 2 – 3.4 (G) Number and Operations

☐ Joshua vende CDs de música por Internet. El precio de un CD es $7, sin contar el envío. Si vendió 14 CDs en diciembre, ¿cuánto dinero ganó, sin contar los costos del envío? Marca tu respuesta.

A $78

B $98

C $68

D $88

Reporting Category 2 – 3.4 (G) Number and Operations

☐ Los asientos en el autobús de la escuela están en 12 filas, con 4 asientos en cada fila. Si la escuela Barton Elementary fuera de excursión, ¿cuántos estudiantes cabrían en un autobús de la escuela? Marca tu respuesta.

A   68

B   58

C   48

D   38

Reporting Category 2 – 3.4 (G) Number and Operations

☐ Escribe el número que falta. Asegúrate de demostrar tu cálculo. Marca tu respuesta.

A   63

B   66

C   73

D   78

$$\begin{array}{r} 26 \\ \times\ 3 \\ \hline \boxed{} \end{array}$$

Reporting Category 2 – 3.4 (G) Number and Operations

☐ Juan fue de vacaciones con su familia a Galveston. El hotel en el que se hospedaron tiene 12 pisos, con 4 cuartos en cada piso. ¿Cuántos cuartos hay en el hotel? Marca tu respuesta.

A   42

B   44

C   46

D   48

Reporting Category 2 – 3.4 (H) Number and Operations

☐ **Benito y 3 de sus amigos compartieron en partes iguales un paquete de 12 globos. ¿Cuántos globos le tocaron a cada niño? Marca tu respuesta.**

A $12 \times 4 = 48$

B $12 \div 4 = 3$

C $4 \div 12 = 3$

D $12 \div 3 = 4$

Reporting Category 2 – 3.4 (H) Number and Operations

☐ **Cameron puso18 monedas de 5¢ in 3 alcancías. Puso el mismo número de monedas de 5¢ en cada alcancía.**

¿Qué operación muestra cuántas monedas de 5¢ puso Cameron en cada alcancía? Marca tu respuesta.

A $18 \div 3 = 15$

B $3 \div 18 = 6$

C $18 - 3 = 15$

D $18 \div 3 = 6$

Reporting Category 2 – 3.4 (H) Number and Operations

El Sr. Thomas compró 20 conejos. Tiene 5 jaulas para los conejos.

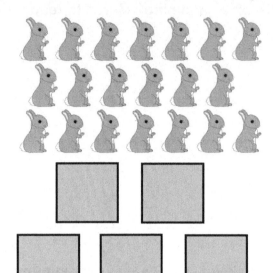

¿Qué operación muestra cuántos Conejos debe poner el Sr. Thomas en cada jaula? Marca tu respuesta.

A   20 ÷ 5 = 4

B   20 – 5 = 15

C   5 ÷ 20 = 4

D   20 + 5 = 25

Reporting Category 2 – 3.4 (H) Number and Operations

Cathy, Miranda, Arin y LaKeesha van a compartir en partes iguales una bolsa de canicas que compraron. Hay 36 canicas en la bolsa. ¿Qué operación muestra cuántas canicas recibirá cada niña? Marca tu respuesta.

A   4 ÷ 36 = 912

B   36 ÷ 4 = 8

C   36 ÷ 4 = 9

D   36 – 4 = 32

Name _____

Reporting Category 2 – 3.4 (H) Number and Operations

El Sr. Walker cosechó 24 manzanas de su huerto. Quería poner el mismo número de manzanas en 4 cajas.

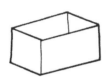 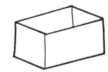

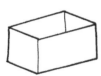 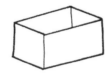

¿Qué operación muestra cuántas manzanas pondrá el Sr. Walker en cada caja? Marca tu respuesta.

A   24 – 4 = 20

B   24 + 4 = 28

C   24 ÷ 4 = 6

D   4 ÷ 24 = 6

Reporting Category 2 – 3.4 (H) Number and Operations

Ryou, Renaldo, Branson, Cedric y Mack van a compartir en partes iguales una caja con 20 carros de juguete. ¿Qué operación muestra cuántos carros recibirá cada niño? Marca tu respuesta.

A   20 × 5 = 100

B   20 ÷ 5 = 4

C   5 ÷ 20 = 4

D   20 – 5 = 15

Reporting Category 2 – 3.4 (H) Number and Operations

☐ Megan y 2 de sus amigos separaron 24 crayones en 3 cajas. Pusieron el mismo número de crayones en cada caja.

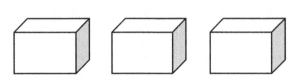

¿Qué operación muestra cuántos crayones pusieron en cada caja? Marca tu respuesta.

A   24 ÷ 3 = 8

B   24 + 3 = 27

C   24 × 2 = 48

D   24 ÷ 2 = 12

Reporting Category 2 – 3.4 (H) Number and Operations

☐ El grupo de la Sra. Cochran hizo una encuesta para determinar si los 8 niños de su grupo preferían jugar afuera o adentro. Si un mismo número de niños escoge una de las 2 opciones, ¿Qué operación muestra cuántos niños prefieren jugar afuera que adentro? Marca tu respuesta.

A   8 ÷ 2 = 4

B   8 × 2 = 16

C   8 + 2 = 10

D   8 – 2 = 6

Reporting Category 2 – 3.4 (J) Number and Operations

☐ ¿Qué operación numérica está en la misma familia de operaciones que 9 × 2 = 18? Marca tu respuesta.

A   18 – 2 = 16

B   18 ÷ 9 = 2

C   9 + 2 = 11

D   9 + 9 = 18

Reporting Category 2 – 3.4 (J) Number and Operations

☐ ¿Qué número hace que esta operación sea correcta? Marca tu respuesta.

$$8 \times \square = 16$$

A   8

B   24

C   3

D   2

Reporting Category 2 – 3.4 (J) Number and Operations

☐ Miranda lee 5 libros. Cada libro tiene 100 páginas, lo que hace un total de 500 páginas. ¿Cuál operación NO está en la misma familia de operaciones que las demás? Marca tu respuesta.

A   500 ÷ 5 = 100

B   100 ÷ 5 = 20

C   500 ÷ 100 = 5

D   100 × 5 = 500

Reporting Category 2 – 3.4 (J) Number and Operations

☐ ¿Qué número hace que esta operación sea correcta? Marca tu respuesta.

$$6 \times \boxed{} = 18$$

A   24

B   3

C   12

D   4

Reporting Category 2 – 3.4 (J) Number and Operations

☐ ¿Qué operación numérica está en la misma familia de operaciones que
3 × 5 = 15? Marca tu respuesta.

A   15 − 5 = 10

B   15 ÷ 5 = 3

C   5 + 5 = 10

D   3 + 5 = 8

Reporting Category 2 – 3.4 (J) Number and Operations

☐ El Sr. Thompson construyó 8 pajareras. Cada pajarera tiene 3
departamentos para nidos. ¿Qué operación numérica está esta familia de
operaciones? Marca tu respuesta.

A   24 ÷ 3 = ☐

B   8 − 3 = ☐

C   24 ÷ 6 = ☐

D   8 + 3 = ☐

Reporting Category 2 – 3.4 (J) Number and Operations

☐   Erin tiene 7 grupos de monedas. Cada grupo tenía 2 monedas de 5¢, para un total de 14 monedas de 5¢. ¿Qué operación numérica NO está en la misma familia de operaciones que las otras? Marca tu respuesta.

A $14 \div 2 = 7$

B $14 \div 7 = 2$

C $7 \times 2 = 14$

D $7 + 2 = 9$

Reporting Category 2 – 3.4 (J) Number and Operations

☐   Hay 9 autos en un estacionamiento. Cada auto tiene 4 llantas. ¿Qué operación numérica está en esta familia de operaciones? Marca tu respuesta.

A $4 + 9 = \Box$

B $9 - 4 = \Box$

C $38 \div 9 = \Box$

D $4 \times 9 = \Box$

Reporting Category 2 – 3.4 (J) Number and Operations

☐   ¿Qué operación numérica está en la misma familia de operaciones que $6 \times 5 = 30$? Marca tu respuesta.

A $30 - 6 = 24$

B $30 \div 5 = 6$

C $6 + 5 = 11$

D $5 + 5 = 10$

Reporting Category 2 – 3.4 (J) Number and Operations

☐ ¿Qué operación numérica está en la misma familia de operaciones que 8 × 6 = 48? Marca tu respuesta.

A   6 + 6 = 12

B   48 ÷ 6 = 8

C   48 − 6 = 42

D   8 + 6 = 14

Reporting Category 2 – 3.4 (J) Number and Operations

☐ El Sr. Mason compró 5 cartones de soda. Cada cartón tenía 9 botellas de soda, para un total de 45 sodas. ¿Qué operación numérica NO está en la misma familia de operaciones que las otras? Marca tu respuesta.

A   9 × 5 = 45

B   45 ÷ 9 = 5

C   15 × 3 = 45

D   5 × 9 = 45

Reporting Category 2 – 3.4 (J) Number and Operations

☐ ¿Qué número hace que esta operación sea correcta? Marca tu respuesta.

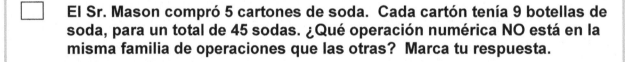

$$4 \times \boxed{} = 36$$

A   9

B   8

C   12

D   7

Reporting Category 2 – 3.4 (K) Number and Operations

☐ El Sr. Jackson pidió a sus alumnos encontrar el área de algún objeto utilizado por sus padres todos los días. El papá de Dean utiliza todos los días su teléfono celular para el trabajo. El teléfono celular del padre de Dean mide 5 pulgadas de alto y 3 pulgadas de ancho. ¿Cuál es el área del teléfono del padre de Dean? Marca tu respuesta.

A 2 in^2

B 8 in^2

C 15 in^2

D 53 in^2

Reporting Category 2 – 3.4 (K) Number and Operations

☐ ¿Qué número hace que esta operación sea correcta? Marca tu respuesta.

$$(8 \times 12) \div 4 = \underline{\quad}$$

A   6   C   48

B   24   D   72

Reporting Category 2 – 3.4 (K) Number and Operations

☐ John encontró 72 botellas en el sótano de su abuela. Las botellas estaban en 6 cajas con igual número de botellas en cada caja. ¿Cuántas botellas hay en cada caja? Marca tu respuesta

A   12

B   10

C   66

D   36

Reporting Category 2 – 3.4 (K) Number and Operations

☐ La clase de la Sra. Díaz, de 24 alumnos, está dividida en grupos de 4, de tal manera que cada grupo tiene3 niñas y 1 niño. ¿Cuántos de los 24 alumnos son niñas? Marca tu respuesta.

A   6

B   12

C   18

D   24

Reporting Category 2 – 3.4 (K) Number and Operations

☐ ¿Qué número hace que esta operación sea correcta? Marca tu respuesta.

$$64 \div 4 = \underline{}$$

A   10

B   12

C   14

D   16

Reporting Category 2 – 3.4 (K) Number and Operations

☐ El Sr. Delgado compró 6 boletos para el juego de campeonato de fútbol. El precio de cada boleto es de $13, más $2 por envío. ¿Cuánto dinero pagó el Sr. Delgado? Marca tu respuesta.

A $90

B $78

C $92

D $21

Reporting Category 2 – 3.4 (K) Number and Operations

☐ **Sarah tiene 8 cajas con 5 canicas en cada una. Ella puso todas las canicas en un tazón, y después dividió las canicas en partes iguales en 4 cajas. Cuántos mármoles hay en cada caja? Marca tu respuesta.**

A   20

B   10

C   5

D   40

Reporting Category 2 – 3.4 (K) Number and Operations

☐ **¿Qué número hace que esta operación sea correcta? Marca tu respuesta.**

$$9 \times 6 = \underline{\hspace{2cm}}$$

A   15

B   45

C   54

D   64

Reporting Category 2 – 3.4 (K) Number and Operations

☐ **En la fábrica local cinco trabajadores ganaron $75 al hacer 10 juguetes. Si comparten el dinero en partes iguales, ¿cuánto dinero recibe cada uno de los trabajadores? Marca tu respuesta.**

A $750

B $13

C $15

D $17

Reporting Category 2 – 3.4 (K) Number and Operations

☐ En la tienda de mascotas había 35 gatos y perros divididos en 7 jaulas. Cada jaula contiene 3 gatos y 2 perros. ¿Cuál es el número total de perros en la tienda de mascotas? Marca tu respuesta.

A 15

B 21

C 12

D 10

Reporting Category 2 – 3.4 (K) Number and Operations

☐ ¿Qué número hace que esta operación sea correcta? Marca tu respuesta.

$$75 \div 25 = \underline{\quad}$$

A 3

B 5

C 25

D 50

Reporting Category 2 – 3.4 (K) Number and Operations

☐ Marsha compró 6 libras de naranjas en el mercado de los granjeros. El precio de 1 libra de naranjas es $13. ¿Cuánto dinero pagó porel total de naranjas? Marca tu respuesta.

A $68

B $73

C $78

D $83

Name _____

Reporting Category 2 – 3.4 (K) Number and Operations

☐   Jose fue a la tienda de bicicletas a elegir una por su cumpleaños. Había 15 bicicletas en la tienda. Si Jose contó todas las llantas en el almacén, ¿cuántas llantas contó en total? Marca tu respuesta.

A   15

B   20

C   25

D   30

Reporting Category 2 – 3.4 (K) Number and Operations

☐   ¿Qué número hace que esta operación sea correcta? Marca tu respuesta.

$$4 \times (56 \div 8) = \underline{\quad}$$

A   28

B   30

C   32

D   34

Reporting Category 2 – 3.4 (K) Number and Operations

☐   Samantha tiene una cesta llena de tréboles de cuatro hojas. El número total de hojas en la cesta es 52 en total. ¿Cuántos tréboles de cuatro hojas hay en la cesta? Marca tu respuesta.

A   12

B   13

C   14

D   15

Reporting Category 2 – 3.4 (K) Number and Operations

En un cine, los asientos están acomodados en 12 filas con 4 asientos cada fila. ¿Cuántos asientos habría en cada fila, si el mismo número de asientos se acomodaran en 6 filas? Marca tu respuesta.

A   4

B   6

C   8

D   10

Reporting Category 2 – 3.4 (K) Number and Operations

¿Qué número hace que esta operación sea correcta? Marca tu respuesta.

$$84 \div 4 = \underline{\hspace{2cm}}$$

A   10

B   12

C   14

D   21

Reporting Category 2 – 3.4 (K) Number and Operations

Bill fue de excursión a una granja local. Ahí vio 19 vacas y contó el número de patas de las vacas. ¿Cuántas patas contó en total? Marca tu respuesta.

A   46   C   66

B   56   D   76

Reporting Category 2 – 3.4 (K) Number and Operations

☐ La escuela Mabelvale Elementary fue de excursión. Había 24 estudiantes en cada uno de los 3 autobúses. Si el mismo número total de estudiantes se acomoda en 4 autobúses, ¿cuál es el número de estudiantes en cada uno de los 4 autobúses? Marca tu respuesta.

A   12

B   14

C   16

D   18

Reporting Category 2 – 3.4 (K) Number and Operations

☐ ¿Qué número hace que esta operación sea correcta? Marca tu respuesta.

$$15 \times 6 = \underline{\qquad}$$

A   60   C   80

B   70   D   90

Reporting Category 2 – 3.4 (K) Number and Operations

☐ Coach Miller acomodó 81 pelotas de béisbol en 9 hileras. ¿Cuántas pelotas de béisbol hay en cada hilera? Marca tu respuesta.

A   7

B   8

C   9

D   10

Reporting Category 2 – 3.4 (K) Number and Operations

☐   Peter dividió 25 manzanas y las puso en platos, de modo que cada plato tuviera 2 manzanas verdes y 3 rojas. ¿Cuántas manzanas verdes hay en total? Marca tu respuesta.

A   8

B   16

C   10

D   12

Reporting Category 2 – 3.4 (K) Number and Operations

☐   ¿Qué número hace que esta operación sea correcta? Marca tu respuesta.

$$64 \div 8 = \underline{\qquad}$$

A   4

B   6

C   8

D   12

Reporting Category 2 – 3.4 (K) Number and Operations

☐   El centro recreacional local tiene 7 mesas de billar. ¿Si cada mesa de billar tiene 6 agujeros, cuántos agujeros hay en total? Marca tu respuesta.

A   13

B   42

C   67

D   76

Reporting Category 2 – 3.5 (A) Algebraic Reasoning

☐ Will ahorró 728 monedas de 1¢ en 2 años. El segundo año ahorró 492. ¿Cuál operación podría usarse para saber cuántas monedas de 1¢ ahorró el primer año? Marca tu respuesta.

A   728 – 492

B   728 + 492

C   728 × 2

D   492 ÷ 2

Reporting Category 2 – 3.5 (A) Algebraic Reasoning

☐ Rebekah horneó 59 galletas ayer por la noche. Hoy regaló 24 de las galletas a sus amigos. Su hermano y hermana también comieron 11 de las galletas. ¿Cuál operación demuestra cómo encontrar la cantidad de galletas que le quedan? Marca tu respuesta.

A   59 + 24 – 11

B   59 + 24 + 11

C   59 – 24 + 11

D   59 – 24 – 11

Reporting Category 2 – 3.5 (A) Algebraic Reasoning

☐ Erin y su hermana tenían 32 monedas de diez centavos. Erin tenía menos de 22 monedas de diez centavos, y su hermana tenía menos de 15 monedas de diez centavos. ¿Cuántas monedas de diez centavos tiene cada muchacha? Marca tu respuesta.

A   Erin, 21   Su hermana, 15

B   Erin, 20   Su hermana, 12

C   Erin, 23   Su hermana, 9

D   Erin, 22   Su hermana, 10

Reporting Category 2 – 3.5 (A) Algebraic Reasoning

☐ Una banda escolar tiene 48 miembros. Ellos tienen 23 sombreros y 36 uniformes. ¿Cuál operación muestra cuántos sombreros más deben pedirse, para que cada miembro tenga un sombrero para usar en su presentación? Marca tu respuesta.

A   48 + 23 + 36

B   48 – 23 + 36

C   48 – 23

D   36 – 23

Reporting Category 2 – 3.5 (A) Algebraic Reasoning

☐ Danny puso 21 clips de papel y algunas chinchetas en un tarro vacío. ¿Qué información se necesita para encontrar el número total de artículos en el tarro? Marca tu respuesta.

A   El número de lápices

B   El costo de los clips

C   El número de chinchetas

D   El tamaño de las chinchetas

Reporting Category 2 – 3.5 (A) Algebraic Reasoning

☐ La siguiente tabla muestra cuántos libros de texto pasó el profesor de Rosa a sus alumnos. ¿Qué operación se puede utilizar para saber cuántos libros más de escritura que de ortografía se pasaron? Marca tu respuesta.

A   21 + 17

B   21 – 17

C   23 – 17

D   23 + 21 – 17

Tipo de Libro	Número de Libros
Ortografía	17
Mate	23
Escritura	21

Reporting Category 2 – 3.5 (A) Algebraic Reasoning

☐   La siguiente tabla muestra cuántas galletas fueron vendidas en una cafetería escolar. ¿Qué operación se puede utilizar para saber cuántas galletas del azúcar y de coco se vendieron? Marca tu respuesta.

Tipo de Galleta	Número de Galletas
Limón	52
Coco	91
Chocolate	155
Azúcar	105

A   105 + 155 + 91 + 52

B   105 + 91

C   155 – 105

D   105 + 155

Reporting Category 2 – 3.5 (A) Algebraic Reasoning

☐   Jared y Emily ahorraron 19 latas de soda para reciclar. Jared ahorró más de 7 latas, y Emily ahorró más de 10. ¿Cuál relación muestra el número de latas que cada niño ahorró? Marca tu respuesta.

A   Jared, 6   Emily, 13

B   Jared, 8   Emily, 11

C   Jared, 9   Emily, 10

D   Jared, 7   Emily, 12

Reporting Category 2 – 3.5 (A) Algebraic Reasoning

☐   Una cafetería ganó $87 vendiendo diversas clases de galletas a los estudiantes. Ganaron $43 en las galletas de chispas de chocolate y $26 en las galletas de avena. ¿Cuál operación muestra cuánto ganaron en la otra clase de galletas? Marca tu respuesta.

A   87 – 43 – 26

B   13 + 26

C   87 + 43 – 26

D   87 – 43 + 26

Reporting Category 2 – 3.5 (A) Algebraic Reasoning

☐ El Sr. Pope quiere comprar 29 rosales para su jardín. Él compró 23 matorrales y 14 rosales. ¿Cuál operación muestra cuántos rosales le falta comprar para su jardín? Marca tu respuesta.

A   29 + 23 + 14

B   29 – 14

C   29 – 23 – 14

D   29 + 14

Reporting Category 2 – 3.5 (A) Algebraic Reasoning

☐ Phillip podó jardines durante el verano, y ganó $75. ¿Qué otra información se necesita para saber cuánto cobró por podar cada césped? Marca tu respuesta.

A   Cuándo cortó los jardines

B   Cuántos días cortó céspedes

C   El tamaño de los jardines

D   Cuántos jardines podó

Reporting Category 2 – 3.5 (A) Algebraic Reasoning

☐ Lynn leyó un total de 943 páginas en 3 meses. Un mes leyó 251 páginas. ¿Cuál operación se puede usar para saber cuántas páginas lee en 2 meses? Marca tu respuesta.

A   943 – 251

B   943 – 251 – 5

C   943 + 251

D   943 × 3 – 251 × 2

Reporting Category 2 – 3.5 (A) Algebraic Reasoning

☐ Ben y Cory ahorraron 24 monedas de diez centavos. Ben ahorró más de 13 y Cory ahorró más de 9. ¿Cuál relación muestra el número de monedas de diez centavos que ahorró cada niño? Marca tu respuesta.

A   Ben, 12   Cory, 12

B   Ben, 15   Cory, 9

C   Ben, 14   Cory, 10

D   Ben, 13   Cory, 11

Reporting Category 2 – 3.5 (A) Algebraic Reasoning

☐ Randy cosechó 476 manzanas en 2 días. El primer día cosechó 249. ¿Cuál operación se podría utilizar para saber cuántas manzanas cosechó el segundo día? Marca tu respuesta.

A   476 + 249 + 2

B   476 − 249

C   249 × 2

D   476 + 249

Reporting Category 2 – 3.5 (A) Algebraic Reasoning

☐ La Sra. Tucker trajo algunos libros de la biblioteca a su clase. Tiene 21 alumnos. Ella eligió 9 libros sobre animales, 8 libros acerca de americanos famosos, y algunos libros de rompecabezas. ¿Cuál operación muestra cuántos libros más sobre animales se necesitan para que cada estudiante tenga uno para leer? Marca tu respuesta.

A   21 + 9 + 8

B   21 − 8

C   9 + 8

D   21 − 9

Reporting Category 2 – 3.5 (A) Algebraic Reasoning

☐ La mamá de Beth horneó 75 galletas para su fiesta de cumpleaños. ¿Cuál otra información se necesita para saber cuántas galletas no se comieron en la fiesta? Marca tu respuesta.

A El número de niños en la fiesta

B El costo de las galletas

C Cuántas galletas se comieron

D El número de gente en la fiesta

Reporting Category 2 – 3.5 (A) Algebraic Reasoning

☐ La siguiente tabla muestra cuánto gastó la Sra. Mason en la tienda de abarrotes. ¿Cuál operación se puede utilizar para saber cuánto pagó por vegetales, carne y vitaminas? Marca tu respuesta.

A 32 + 23 + 36

B 23 + 32 + 22

C 23 + 22 + 36

D 32 + 23 + 36 + 22

Tipo de Comida	Cantidad de Dinero
Carne	$32
Vegetales	$23
Vitaminas	$36
Lácteos	$22

Reporting Category 2 – 3.5 (A) Algebraic Reasoning

☐ Benjamin llevó 75¢ a una librería. Compró un separador de libros de 49¢ y un lápiz de 20¢. ¿Cuál operación muestra cómo encontrar cuánto dinero le queda a Benjamin? Marca tu respuesta.

A 75 + 49 − 20

B 75 − 49 − 20

C 49 + 20

D 75 − 49

Reporting Category 2 – 3.5 (A) Algebraic Reasoning

☐ Mandy y Carrie vendieron 23 boletos para una rifa. Mandy vendió menos de 9 boletos, y Carrie vendió menos de 16. ¿Cuántos boletos vendieron cada una de ellas? Marca tu respuesta.

A   Mandy, 9   Carrie, 14

B   Mandy, 11   Carrie, 12

C   Mandy, 8   Carrie, 15

D   Mandy, 7   Carrie, 16

Reporting Category 2 – 3.5 (A) Algebraic Reasoning

☐ Adam colgó 15 camisas en su clóset. Más camisas tiene manga larga que manga corta. ¿Qué información se necesita para saber cuántas camisas son de manga corta y manga larga? Marca tu respuesta.

A   El color de las camisas

B   Cuántas camisas más tienen manga corta

C   El número de camisas

D   El número de camisas con manga larga

Reporting Category 2 – 3.5 (A) Algebraic Reasoning

☐ Blaze tiene un libro para colección de monedas, con 215 páginas. Él ha llenado 57 de las páginas con monedas de 5¢ y 10¢; y 139 páginas con monedas de 1¢. ¿Cuál operación muestra cómo saber cuántas páginas no tienen monedas? Marca tu respuesta.

A   215 – (57 + 139)

B   215 – 57 + 139

C   215 – 139 + 57

D   215 + 57 + 139

Reporting Category 2 – 3.5 (A) Algebraic Reasoning

☐ Emily coleccionó 84 plumas en 3 años. Durante el primer año coleccionó 28 de las plumas. ¿Cuál operación se podría utilizar para saber cuántas plumas coleccionó el segundo y tercer año? Marca tu respuesta.

A   84 – 28 – 3

B   84 ÷ 3

C   84 – 28

D   84 × 3

Reporting Category 2 – 3.5 (A) Algebraic Reasoning

☐ En la tabla se muestra el número de cada clase de libro en una biblioteca escolar. ¿Qué operación se puede utilizar para saber cuántos libros más de ficción que de consulta tiene la biblioteca? Marca tu respuesta.

A   123 + 94

B   227 + 123 + 94

C   227 – 94

D   227 – 123 + 94

Clase de Libros	Número de Libros
Ficción	227
No Ficción	123
Consulta	94

Reporting Category 2 – 3.5 (A) Algebraic Reasoning

☐ El Sr. Taylor compró 94 arbustos, y plantó 52 de ellos en su jardín frontal. Él necesita 64 arbustos para su jardín trasero. ¿Cuál operación muestra cuántos arbustos más necesita comprar? Marca tu respuesta.

A   94 – 52 + 64

B   94 + 52 + 64

C   64 – 52 + 94

D   52 + 64 – 94

Reporting Category 2 – 3.5 (B) Algebraic Reasoning

☐ **¿Cuántas rosas hay en la imagen? Marca tu respuesta.**

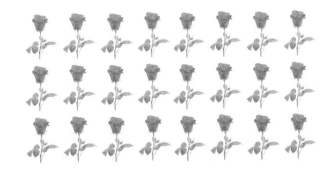

A   3

B   8

C   11

D   24

Reporting Category 2 – 3.5 (B) Algebraic Reasoning

☐ **¿Qué número hace que esta operación sea correcta? Marca tu respuesta.**

$$54 \div \underline{} = 6$$

A   7   C   9

B   6   D   8

Reporting Category 2 – 3.5 (B) Algebraic Reasoning

☐ **¿Cuántas botellas habría en cada fila si se acomodaran en 4 filas? Marca tu respuesta.**

A   6

B   9

C   12

D   15

Reporting Category 2 – 3.5 (B) Algebraic Reasoning

☐ Emma sirvió 60 fresas para sus amigos. Si a cada uno de sus amigos le da 15 fresas, ¿cuántos amigos tiene Emma? Marca tu respuesta.

A 4

B 5

C 45

D 65

Reporting Category 2 – 3.5 (B) Algebraic Reasoning

☐ ¿Qué número hace que esta operación sea correcta? Marca tu respuesta.

$$18 \times \underline{\quad} = 54$$

A 2

B 3

C 4

D 5

Reporting Category 2 – 3.5 (B) Algebraic Reasoning

☐ Olivia acomodó las cucharas y tenedores en filas como se muestra abajo. Si el número total de tenedores y cucharas es de 45, ¿cuántos tenedores hay? Marca tu respuesta.

A 3

B 9

C 18

D 27

Reporting Category 2 – 3.5 (B) Algebraic Reasoning

☐ ¿Cuántas cerezas hay en la imagen? Marca tu respuesta.

A   20

B   21

C   22

D   23

Reporting Category 2 – 3.5 (B) Algebraic Reasoning

☐ ¿Qué número hace que esta operación sea correcta? Marca tu respuesta.

$$\underline{} \div 12 = 6$$

A   62

B   72

C   82

D   92

Reporting Category 2 – 3.5 (B) Algebraic Reasoning

☐ ¿Cuántos clips habría en cada fila si se acomodaran en 4 filas? Marca tu respuesta.

A   12

B   13

C   14

D   15

Name _____

Reporting Category 2 – 3.5 (B) Algebraic Reasoning

☐ Hay 32 huéspedes en 8 cuartos de un hotel. ¿Si cada cuarto tiene un número igual de huéspedes, cuántas huéspedes hay en cada cuarto? Marca tu respuesta.

A 4

B 8

C 24

D 40

Reporting Category 2 – 3.5 (B) Algebraic Reasoning

☐ ¿Qué número hace que esta operación sea correcta? Marca tu respuesta.

$$\underline{\hspace{2cm}} \times 5 = 80$$

A 20

B 18

C 16

D 14

Reporting Category 2 – 3.5 (B) Algebraic Reasoning

☐ La Sra. Rosario les da a sus alumnos 2 duraznos y 1 chabacano después del almuerzo. El número total de duraznos y chabacanos que da la Sra. Rosario es 96. ¿Cuántos duraznos ofrece en total? Marca tu respuesta.

A 16

B 32

C 48

D 64

Name _____

Reporting Category 2 – 3.5 (B) Algebraic Reasoning

☐ ¿Cuántas pelotas hay en la imagen? Marca tu respuesta.

A   15

B   36

C   45

D   54

Reporting Category 2 – 3.5 (B) Algebraic Reasoning

☐ ¿Qué número hace que esta operación sea correcta? Marca tu respuesta.

$$12 \times (72 \div 18) = \underline{\qquad}$$

A   24

B   36

C   48

D   60

Reporting Category 2 – 3.5 (B) Algebraic Reasoning

☐ ¿Cuántas sillas habría en cada fila si se acomodaran en 6 filas? Marca tu respuesta.

A   6

B   8

C   10

D   12

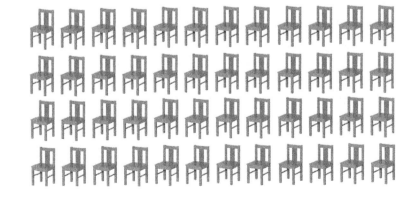

Reporting Category 2 – 3.5 (B) Algebraic Reasoning

☐ **Mia leyó 84 páginas de su libro en los últimos 7 días. ¿Cuántas páginas leyó cada día?   Marca tu respuesta.**

A   10

B   12

C   14

D   16

Reporting Category 2 – 3.5 (B) Algebraic Reasoning

☐ **¿Qué número hace que esta operación sea correcta? Marca tu respuesta.**

$$84 \div (3 \times 14) = \underline{\hspace{2cm}}$$

A   2

B   3

C   4

D   5

Reporting Category 2 – 3.5 (B) Algebraic Reasoning

☐ **George compró papas y tomates y los puso en bolsas de papel. Cada bolsa tiene 6 papas y 2 tomates. Si el número total de papas y tomates es 64, ¿cuántas papas hay en total? Marca tu respuesta.**

A   8

B   16

C   32

D   48

Reporting Category 2 – 3.5 (B) Algebraic Reasoning

¿Cuántos cerdos hay en la imagen? Marca tu respuesta.

A   10   C   20

B   12   D   24

Reporting Category 2 – 3.5 (B) Algebraic Reasoning

¿Qué número hace que esta operación sea correcta? Marca tu respuesta.

$$14 \times 7 = \underline{\qquad}$$

A   78   C   68

B   98   D   88

Reporting Category 2 – 3.5 (B) Algebraic Reasoning

¿Cuántas placas de sheriff habría en cada fila si se acomodaran en 10 filas? Marca tu respuesta.

A   6

B   7

C   8

D   9

Reporting Category 2 – 3.5 (B) Algebraic Reasoning

☐ George camina 4 millas diarias después de la escuela. ¿Cuántas millas camina a la semana? Marca tu respuesta.

A   8

B   20

C   28

D   40

Reporting Category 2 – 3.5 (B) Algebraic Reasoning

☐ ¿Qué número hace que esta operación sea correcta? Marca tu respuesta.

$$78 \div 6 = \underline{\quad\quad}$$

A   11

B   12

C   13

D   14

Reporting Category 2 – 3.5 (B) Algebraic Reasoning

☐ Los trabajadores de una cafetería se dividen en grupos, de modo que cada grupo tenga 3 hombres y 4 mujeres. Si el número total de trabajadores es 63, en total ¿cuántos trabajadores son mujeres? Marca tu respuesta.

A   9

B   12

C   27

D   36

Reporting Category 2 – 3.5 (C) Algebraic Reasoning

☐ **Elige la expresión que represente mejor el número de perros en la siguiente imagen. Marca tu respuesta.**

A 8 x 8

B 4 x 8

C 4 x 4

D 6 x 6

Reporting Category 2 – 3.5 (C) Algebraic Reasoning

☐ **¿Cuál de las siguientes afirmaciones describe mejor la operación matemática 6 x 18? Marca tu respuesta.**

A 6 multiplicado por 18

B 6 más 18

C 6 dividido por 18

D 6 menos 18

Reporting Category 2 – 3.5 (C) Algebraic Reasoning

☐ **Anna compró 8 cartones de huevos. Cada cartón contiene 12 huevos. ¿Qué expresión representa el número de huevos que compró Anna? Marca tu respuesta.**

A 8 + 12

B 8 x 8

C 12 x 12

D 8 x 12

Reporting Category 2 – 3.5 (C) Algebraic Reasoning

☐ Elige la expresión que represente mejor el número de latas en la siguiente imagen. Marca tu respuesta.

A   3 x 3

B   3 + 14

C   3 x 14

D   14 x 14

Reporting Category 2 – 3.5 (C) Algebraic Reasoning

☐ ¿Cuál expresión representa mejor la siguiente afirmación? Marca tu respuesta.

"16 multiplicado por 6"

A   16 x 6

B   16 + 6

C   16 / 6

D   16 - 6

Reporting Category 2 – 3.5 (C) Algebraic Reasoning

☐ Nicholas ahorra $30 cada semana. ¿Cuál expresión muestra la cantidad de dinero que ahorró en un mes, utilizando cuatro semanas en un mes? Marca tu respuesta

A   30 x 30

B   30 x 7

C   30 x 5

D   30 x 4

Reporting Category 2 – 3.5 (C) Algebraic Reasoning

☐ Elige la expresión que represente mejor el número de cajas en la siguiente imagen. Marca tu respuesta.

A 5 x 5

B 5 x 7

C 7 x 7

D 5 + 7

Reporting Category 2 – 3.5 (C) Algebraic Reasoning

☐ ¿Cuál de las siguientes afirmaciones describe mejor la operación matemática 13 x 7? Marca tu respuesta.

A 13 más 7

B 13 dividido entre 7

C 13 multiplicado por 7

D 13 menos 7

Reporting Category 2 – 3.5 (C) Algebraic Reasoning

☐ La Sra. Murad elaboró un examen de matemáticas con 8 problemas, en 1 hora. ¿Cuál expresión muestra el número de problemas matemáticos que la Sra. Murad creó en 6 horas? Marca tu respuesta.

A 8 x 6

B 8 + 6

C 8 x 8

D 6 x 6

Reporting Category 2 – 3.5 (C) Algebraic Reasoning

☐ Elige la expresión que represente mejor el número de arañas en la siguiente imagen. Marca tu respuesta.

A   7 x 6

B   7 + 6

C   7 x 7

D   6 x 6

Reporting Category 2 – 3.5 (C) Algebraic Reasoning

☐ ¿Cuál expresión representa mejor la siguiente afirmación? Marca tu respuesta.

"9 multiplicado por 13"

A   9 - 13

B   9 + 13

C   9 / 13

D   9 x 13

Reporting Category 2 – 3.5 (C) Algebraic Reasoning

☐ Morgan sirvió 15 fresas en cada uno de los 6 platos que su hermano puso para el postre. ¿Qué expresión muestra el número de fresas que sirvió Morgan? Marca tu respuesta.

A   15 x 6

B   15 + 6

C   6 x 6

D   15 x 15

Reporting Category 2 – 3.5 (C) Algebraic Reasoning

☐ Elige la expresión que represente mejor el número de autos en la siguiente imagen. Marca tu respuesta.

A   5 x 5

B   9 x 9

C   5 x 9

D   9 + 5

Reporting Category 2 – 3.5 (C) Algebraic Reasoning

☐ ¿Cuál de las siguientes afirmaciones describe mejor la operación matemática 23 x 4? Marca tu respuesta.

A   23 dividido entre 4

B   23 multiplicado por 4

C   23 más 4

D   23 menos 4

Reporting Category 2 – 3.5 (C) Algebraic Reasoning

☐ El equipo de básquetbol de los Blue Thunder tiene 5 jugadores. ¿Cuál expresión muestra el número de jugadores de 14 equipos de básquetbol en un torneo? Marca tu respuesta.

A   14 / 5

B   14 + 5

C   5 x 5

D   5 x 14

Name _____

Reporting Category 2 – 3.5 (C) Algebraic Reasoning

[ ] **Elige la expresión que represente mejor el número de libros en la siguiente imagen. Marca tu respuesta.**

A   5 x 8

B   5 + 8

C   5 x 5

D   8 x 8

Reporting Category 2 – 3.5 (C) Algebraic Reasoning

[ ] **¿Cuál expresión representa mejor la siguiente afirmación? Marca tu respuesta.**

"17 multiplicado por 5"

A   17 + 5

B   17 x 5

C   17 - 5

D   17 / 5

Reporting Category 2 – 3.5 (C) Algebraic Reasoning

[ ] **El edificio de la universidad local tiene 5 pisos con 4 salones de clase en cada piso. ¿Cuál expresión representa mejor el número de salones de clase en todo el edificio? Marca tu respuesta.**

A   4 + 5   C   5 x 5

B   4 x 4   D   5 x 4

Reporting Category 2 – 3.5 (C) Algebraic Reasoning

☐ Elige la expresión que represente mejor el número de pipas en la siguiente imagen. Marca tu respuesta.

A   10 x 10

B   4 x 10

C   4 x 4

D   4 + 10

Reporting Category 2 – 3.5 (C) Algebraic Reasoning

☐ ¿Cuál de las siguientes afirmaciones describe mejor la operación matemática 9 x 14? Marca tu respuesta.

A   9 multiplicado por 14

B   9 dividido por 14

C   9 más 14

D   9 menos 14

Reporting Category 2 – 3.5 (C) Algebraic Reasoning

☐ Angela tiene 8 canastas con 12 muñecas en cada canasta. ¿Cuál expresión muestra el número de muñecas que tiene Angela? Marca tu respuesta.

A   8 + 12

B   8 / 12

C   12 - 8

D   12 x 8

Name _____

Reporting Category 2 – 3.5 (C) Algebraic Reasoning

Elige la expresión que represente mejor el número de vasos en la siguiente imagen. Marca tu respuesta.

A   5 + 11

B   11 + 5

C   5 x 11

D   11 / 5

Reporting Category 2 – 3.5 (C) Algebraic Reasoning

¿Cuál expresión representa mejor la siguiente afirmación? Marca tu respuesta.

"4 multiplicado por 25"

A   4 x 25

B   25 + 4

C   4 x 4

D   25 x 25

Reporting Category 2 – 3.5 (C) Algebraic Reasoning

Un paquete de gomas de mascar contiene 6 gomas de mascar. ¿Cuál expresión muestra el número de gomas de mascar en 14 paquetes? Marca tu respuesta.

A   6 + 14

B   14 x 6

C   6 x 6

D   14 / 6

Name _____

☐ Si 6 veces un número es 30, ¿cuál expresión se puede usar para encontrar el número? Marca tu respuesta.

A   30 + 6

B   30 – 6

C   30 × 6

D   30 ÷ 6

☐ Si 60 ÷ 12 = ☐ , entonces 60 ÷ ☐ = 12. ¿Cuál número es correcto en ambas operaciones? Marca tu respuesta.

A   5

B   1

C   72

D   48

☐ ¿Cuál expresión numérica no debería tener un 6 en el espacio en blanco? Marca tu respuesta.

A   24 ÷ 4 = ☐

B   36 ÷ ☐ = 6

C   48 ÷ ☐ = 6

D   54 ÷ 9 = ☐

Name _____

Reporting Category 2 – 3.5 (D) Algebraic Reasoning

☐ Si 54 ÷ 9 = ☐ , entonces 54 ÷ ☐ = 9. ¿Cuál número es correcto en ambas operaciones? Marca tu respuesta.

A   7

B   486

C   6

D   63

Reporting Category 2 – 3.5 (D) Algebraic Reasoning

☐ ¿Cuál expresión numérica no debería tener un 9 en el espacio en blanco? Marca tu respuesta.

A   56 ÷ ☐ = 8

B   36 ÷ 4 = ☐

C   27 ÷ ☐ = 3

D   54 ÷ 6 = ☐

Reporting Category 2 – 3.5 (D) Algebraic Reasoning

☐ Si 63 ÷ 7 = ☐ , entonces ☐ × 7 = 63. ¿Cuál número es correcto en ambas operaciones? Marca tu respuesta.

A   441

B   8

C   56

D   9

Reporting Category 2 – 3.5 (D) Algebraic Reasoning

☐ **Si 7 veces un número es 63, ¿cuál expresión se puede usar para encontrar el número? Marca tu respuesta.**

A   63 + 7

B   63 – 7

C   63 × 7

D   63 ÷ 7

Reporting Category 2 – 3.5 (D) Algebraic Reasoning

☐ **Si 55 ÷ 11 = ☐ , entonces 55 ÷ ☐ = 11. ¿Cuál número es correcto en ambas operaciones? Marca tu respuesta.**

A   5

B   44

C   6

D   4

Reporting Category 2 – 3.5 (D) Algebraic Reasoning

☐ **¿Cuál expresión numérica no debería tener un 3 en el espacio en blanco? Marca tu respuesta.**

A   27 ÷ 9 = ☐

B   36 ÷ ☐ = 12

C   24 ÷ ☐ = 8

D   30 ÷ 3 = ☐

Reporting Category 2 – 3.5 (D) Algebraic Reasoning

☐ Si 48 ÷ 12 = ☐ , entonces 48 ÷ ☐ = 12. ¿Cuál número es correcto en ambas operaciones? Marca tu respuesta.

A   6

B   4

C   5

D   9

Reporting Category 2 – 3.5 (D) Algebraic Reasoning

☐ ¿Cuál expresión numérica no debería tener un 5 en el espacio en blanco? Marca tu respuesta.

A   55 ÷ ☐ = 11

B   36 ÷ 7 = ☐

C   25 ÷ ☐ = 5

D   60 ÷ 12 = ☐

Reporting Category 2 – 3.5 (D) Algebraic Reasoning

☐ Si 81 ÷ 9 = ☐ , entonces ☐ × 9 = 81. ¿Cuál número es correcto en ambas operaciones? Marca tu respuesta.

A   7

B   8

C   10

D   9

Reporting Category 2 – 3.5 (D) Algebraic Reasoning

☐ Si 8 veces un número es 56, ¿cuál expresión se puede usar para encontrar el número? Marca tu respuesta.

A   56 + 8

B   56 ÷ 8

C   56 × 8

D   56 – 8

Reporting Category 2 – 3.5 (D) Algebraic Reasoning

☐ Si 27 ÷ 3 = ☐ , entonces 27 ÷ ☐ = 3. ¿Cuál número es correcto en ambas operaciones? Marca tu respuesta.

A   5

B   7

C   9

D   10

Reporting Category 2 – 3.5 (D) Algebraic Reasoning

☐ ¿Cuál expresión numérica no debería tener un 7 en el espacio en blanco? Marca tu respuesta.

A   42 ÷ 6 = ☐

B   28 ÷ ☐ = 4

C   77 ÷ ☐ = 11

D   84 ÷ 7 = ☐

Reporting Category 2 – 3.5 (D) Algebraic Reasoning

☐ Si 18 ÷ 9 = ☐ , entonces 18 ÷ ☐ = 9. ¿Cuál número es correcto en ambas operaciones? Marca tu respuesta.

A   7

B   3

C   2

D   162

Reporting Category 2 – 3.5 (D) Algebraic Reasoning

☐ ¿Cuál operación no debería tener un 12 en el espacio en blanco? Marca tu respuesta.

A   48 ÷ ☐ = 4

B   72 ÷ 8 = ☐

C   60 ÷ ☐ = 5

D   24 ÷ 2 = ☐

Reporting Category 2 – 3.5 (D) Algebraic Reasoning

☐ Si 42 ÷ 14 = ☐ , entonces ☐ × 14 = 42. ¿Cuál número es correcto en ambas operaciones? Marca tu respuesta.

A   6

B   4

C   28

D   3

Reporting Category 2 – 3.5 (D) Algebraic Reasoning

☐ ¿Cuál expresión numérica no debería tener un 7 en el espacio en blanco? Marca tu respuesta.

A $21 \div 3 = \square$

B $18 \div 3 = \square$

C $63 \div \square = 9$

D $42 \div \square = 6$

Reporting Category 2 – 3.5 (D) Algebraic Reasoning

☐ Si $48 \div 8 = \square$, entonces $48 \div \square = 8$. ¿Cuál número es correcto en ambas operaciones? Marca tu respuesta.

A   40

B   384

C   6

D   12

Reporting Category 2 – 3.5 (D) Algebraic Reasoning

☐ ¿Cuál expresión numérica no debería tener un 5 en el espacio en blanco? Marca tu respuesta.

A $50 \div \square = 10$

B $35 \div 7 = \square$

C $15 \div \square = 3$

D $48 \div 12 = \square$

Reporting Category 2 – 3.5 (D) Algebraic Reasoning

☐ Si 72 ÷ 9 = ☐ , entonces 72 ÷ ☐ = 9. ¿Cuál número es correcto en ambas operaciones? Marca tu respuesta.

A   9

B   8

C   7

D   12

Reporting Category 2 – 3.5 (D) Algebraic Reasoning

☐ ¿Cuál expresión numérica no debería tener un 7 en el espacio en blanco? Marca tu respuesta.

A   49 ÷ ☐ = 7

B   28 ÷ 4 = ☐

C   27 ÷ ☐ = 3

D   63 ÷ 9 = ☐

Reporting Category 2 – 3.5 (D) Algebraic Reasoning

☐ Si 21 ÷ 7 = ☐ , entonces ☐ × 7 = 21. ¿Cuál número es correcto en ambas operaciones? Marca tu respuesta.

A   147

B   4

C   3

D   14

Reporting Category 2 – 3.5 (E) Algebraic Reasoning

☐ **¿Cuál par de números debe seguir en la siguiente tabla? Marca tu respuesta.**

Camiones

Llantas

Trucks	1	4	7	10	?
Tires	4	16	28	40	?

A   12, 48

C   11, 41

B   13, 42

D   13, 52

Reporting Category 2 – 3.5 (E) Algebraic Reasoning

☐ **¿Cuál es la fecha del siguiente jueves en esta hoja de calendario? Marca tu respuesta.**

Dom.	Lun.	Mar.	Mier.	Juev.	Vier.	Sab.
		1	2	3	4	5
6	7	8	9	10	11	12
13	14	15	16	17	18	19

A   25

C   24

B   22

D   23

Reporting Category 2 – 3.5 (E) Algebraic Reasoning

☐ **Alfredo alimenta a sus perros con 2 tazas de comida a diario. ¿Cuál de las tablas muestra correctamente cuántas tazas de comida usará diariamente para alimentar 4, 8, ó 10 perros? Marca tu respuesta.**

A

No. de perros	Tazas de comida necesarias
4	6
8	10
10	12

C

No. de perros	Tazas de comida necesarias
4	8
8	12
10	14

B

No. de perros	Tazas de comida necesarias
4	8
8	16
10	20

D

No. de perros	Tazas de comida necesarias
4	8
8	10
10	12

Reporting Category 2 – 3.5 (E) Algebraic Reasoning

☐ **El Sr. Amos llevó a sus hijos al cine. ¿Cuánto pagará por 5 boletos? Marca tu respuesta.**

Boletos	1	3	5	7	9
Costo	$3	$9	?	$21	$27

A $20   C $10

B $18   D $15

Reporting Category 2 – 3.5 (E) Algebraic Reasoning

☐ **Un equipo de futbol juega cada noche de viernes. Las fechas de los juegos que han tenido están sombreadas en el calendario. ¿Cuál es la fecha del siguiente juego de futbol? Marca tu respuesta.**

Dom.	Lun.	Mar.	Mier.	Juev.	Vier.	Sab.
				1	2	3
4	5	6	7	8	9	10
11	12	13	14	15	16	17

A 18   C 25

B 22   D 23

Reporting Category 2 – 3.5 (E) Algebraic Reasoning

☐ **Una florería ocupa 8 flores en cada arreglo que vende a $25. ¿Cuál tabla muestra correctamente cuántas flores serán necesarias para 5, 7, u 11 arreglos? Marca tu respuesta.**

A

No. de Arreglos	Flores Necesarias
5	40
7	56
11	88

C

No. de Arreglos	Flores Necesarias
5	30
7	32
11	36

B

No. de Arreglos	Flores Necesarias
5	13
7	15
11	19

D

No. de Arreglos	Flores Necesarias
5	40
7	63
11	88

Reporting Category 2 – 3.5 (E) Algebraic Reasoning

☐ ¿Cuál par de números debe seguir en la siguiente tabla? Marca tu respuesta.

Paquetes de Goma	2	3	6	7	?
Pedazo de Goma	10	15	30	35	?

A   8, 36   C   9, 50

B   10, 50   D   10, 36

Reporting Category 2 – 3.5 (E) Algebraic Reasoning

☐ La escuela de Greg jugó futbol la noche de sábado. La tabla muestra los touchdowns que anotó el equipo y el marcador final. ¿Qué número falta en la tabla? Marca tu respuesta.

Touchdowns	Score
1	7
2	14
3	21
4	?
5	35

A   28   C   34

B   23   D   27

Reporting Category 2 – 3.5 (E) Algebraic Reasoning

☐ La Sra. Baker utiliza 4 madejas de hilo para cada suéter que ella teje. ¿Cuál tabla muestra correctamente cuántas madejas de hilo necesita para hacer 3, 6, ó 10 suéteres? Marca tu respuesta.

A

Número de Suéteres	Madejas de Hilo necesario
3	12
6	18
10	30

C

Número de Suéteres	Madejas de Hilo necesario
3	7
6	13
10	17

B

Número de Suéteres	Madejas de Hilo necesario
3	7
6	10
10	14

D

Número de Suéteres	Madejas de Hilo necesario
3	12
6	24
10	40

Reporting Category 2 – 3.5 (E) Algebraic Reasoning

☐ Una panadería preparó galletas el sábado. La siguiente tabla muestra el número de tazas de harina necesarias para hacer las galletas. ¿Cuántas tazas de harina serán necesarias para preparar 8 docenas de galletas? Marca tu respuesta.

Docena de Galletas	3	4	6	8	9
Tazas de Harina	6	8	12	?	18

A   16   C   17

B   13   D   14

Reporting Category 2 – 3.5 (E) Algebraic Reasoning

☐ Felipe hizo una tabla para mostrar el número de bicicletas estacionadas en su escuela. ¿Cuál par de números deben seguir en la tabla? Marca tu respuesta.

Bicicletas	4	7	10	13	?
No. de Llantas	8	14	20	26	?

A   14, 28   C   16, 27

B   16, 32   D   12, 29

Reporting Category 2 – 3.5 (E) Algebraic Reasoning

☐ Hay 10 monedas de 10¢ en un dólar. ¿Cuál tabla muestra correctamente el número de monedas de 10¢ en 4, 7, y 12 dólares? Marca tu respuesta.

A

Número de Dólares	Número de Monedas de 10¢
4	8
7	14
12	242

C

Número de Dólares	Número de Monedas de 10¢
4	14
7	17
12	22

B

Número de Dólares	Número de Monedas de 10¢
4	40
7	70
12	120

D

Número de Dólares	Número de Monedas de 10¢
4	16
7	28
12	44

Reporting Category 3 – 3.6 (A) Geometry and Measurement

¿Cuántas esquinas (vértices) tiene esta figura? Marca tu respuesta.

A   4

B   8

C   10

D   6

Reporting Category 3 – 3.6 (A) Geometry and Measurement

¿Cuántas caras tiene el prisma triangular? Marca tu respuesta.

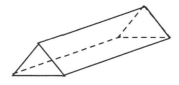

A   8

B   4

C   6

D   5

Reporting Category 3 – 3.6 (A) Geometry and Measurement

¿Cuántas aristas tiene un prisma rectangular? Marca tu respuesta.

A   6

B   8

C   12

D   16

Reporting Category 3 – 3.6 (A) Geometry and Measurement

☐ ¿Cuántos vértices más tiene un cubo que un prisma triangular? Marca tu respuesta.

A   6   C   4

B   8   D   2

Reporting Category 3 – 3.6 (A) Geometry and Measurement

☐ ¿Cuántas esquinas (vértices) tiene esta figura? Marca tu respuesta.

A   12   C   15

B   6   D   8

Reporting Category 3 – 3.6 (A) Geometry and Measurement

☐ ¿Cuántas caras tiene esta figura? Marca tu respuesta.

A   6   C   8

B   4   D   10

Reporting Category 3 – 3.6 (A) Geometry and Measurement

[ ] ¿Cuántas aristas tiene el cubo? Marca tu respuesta.

A   6   C   8

B   12   D   10

Reporting Category 3 – 3.6 (A) Geometry and Measurement

[ ] ¿Cuántas esquinas (vértices) tiene esta figura? Marca tu respuesta.

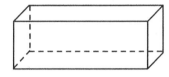

A   4   C   6

B   8   D   5

Reporting Category 3 – 3.6 (A) Geometry and Measurement

[ ] ¿Cuántas aristas tiene el prisma triangular? Marca tu respuesta.

A   9   C   6

B   8   D   5

Reporting Category 3 – 3.6 (A) Geometry and Measurement

☐ **¿Cuántas caras tiene el cubo? Marca tu respuesta.**

A   2   C   4

B   6   D   8

Reporting Category 3 – 3.6 (A) Geometry and Measurement

☐ **¿Cuántas aristas tiene el prisma triangular? Marca tu respuesta.**

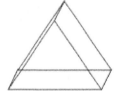

A   9   C   7

B   8   D   6

Reporting Category 3 – 3.6 (A) Geometry and Measurement

☐ **¿Cuántos vértices más tiene un prisma Pentagonal que un prisma rectangular? Marca tu respuesta.**

A   10   C   1

B   2   D   3

Reporting Category 3 – 3.6 (B) Geometry and Measurement

☐ **Mason compró un globo en el circo.**

¿Cuál figura geométrica representa mejor el globo? Marca tu respuesta.

A   **Esfera**   C   **Cono**

B   **Cilindro**   D   **Pirámide**

Reporting Category 3 – 3.6 (B) Geometry and Measurement

☐ **¿Cuál figura tiene menos de 4 lados? Marca tu respuesta.**

B   C   D   F

A   C   C   F

B   B   D   D

Reporting Category 3 – 3.6 (B) Geometry and Measurement

☐ **¿Cuál figura tiene más de 4 lados? Marca tu respuesta.**

A   **Triángulo**

B   **Cuadrado**

C   **Círculo**

D   **Pentágono**

Reporting Category 3 – 3.6 (B) Geometry and Measurement

¿Cuál de los siguientes son polígonos? Marca tu respuesta.

A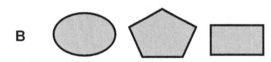

C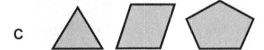

B

D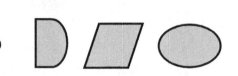

Reporting Category 3 – 3.6 (B) Geometry and Measurement

¿Cuál objeto tiene la forma de un cono? Marca tu respuesta.

A

C

B

D

Reporting Category 3 – 3.6 (B) Geometry and Measurement

Observa el grupo de figuras.

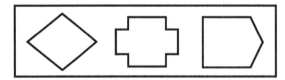

¿Cuál de las siguientes afirmaciones describe mejor estas figuras?
Marca tu respuesta.

A   Todas las figuras tienen 4 lados.

B   Todas las figuras tienen lados y ángulos.

C   Todas las figuras son tri-dimensionales.

D   Ninguna de las figuras son bi-dimensionales.

Reporting Category 3 – 3.6 (B) Geometry and Measurement

☐ ¿Cuál de los siguientes son polígonos? Marca tu respuesta.

A

C

B

D

Reporting Category 3 – 3.6 (B) Geometry and Measurement

☐ ¿Cuál figura tiene menos de 5 lados? Marca tu respuesta.

R   S   T   W

A   S

B   W

C   R

D   T

Reporting Category 3 – 3.6 (B) Geometry and Measurement

☐ ¿Cuál figura describe mejor el edificio? Marca tu respuesta.

A   Pirámide triangular

B   Pirámide rectangular

C   Prisma rectangular

D   Prisma triangular

Reporting Category 3 – 3.6 (B) Geometry and Measurement

☐ ¿Qué figura geométrica representaa mejor la cara sombreada de la siguiente figura? Marca tu respuesta.

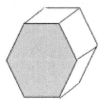

A   Hexágono   C   Pentágono

B   Octágono   D   Triángulo

Reporting Category 3 – 3.6 (B) Geometry and Measurement

☐ ¿Cuál figura tiene 6 lados? Marca tu respuesta.

A   Rectángulo

B   Pentágono regular

C   Hexágono

D   Octágono

Reporting Category 3 – 3.6 (B) Geometry and Measurement

☐ Observa el grupo de figuras.

¿Cuál de las siguientes afirmaciones NO es cierta acerca del grupo de figuras? Marca tu respuesta.

A   Todas las figuras tienen círculos y líneas.

B   Todas las figuras tienen 2 líneas dentro del círculo.

C   Todas las figuras son tri-dimensionales.

D   Todas las figuras son bi-dimensionales.

Reporting Category 3 – 3.6 (B) Geometry and Measurement

☐ ¿Cuál objeto tiene la figura de un cilindro? Marca tu respuesta.

A

C

B

D

Reporting Category 3 – 3.6 (B) Geometry and Measurement

☐ ¿Cuál figura describe mejor la siguiente forma? Marca tu respuesta.

A   Pirámide triangular

B   Pirámide rectangular

C   Prisma rectangular

D   Prisma triangular

Reporting Category 3 – 3.6 (B) Geometry and Measurement

☐ ¿Cuál de los siguientes son polígonos? Marca tu respuesta.

A   1, 2, 3, 4, 5, 6   C   2, 4, 5, 6

B   1, 2, 4, 5, 6   D   1, 2, 4, 6

Reporting Category 3 – 3.6 (B) Geometry and Measurement

¿Cuál figura tiene exactamente 2 lados más que un cuadrilátero? Marca tu respuesta.

A   Octágono

B   Pentágono

C   Hexágono

D   Triángulo

Reporting Category 3 – 3.6 (B) Geometry and Measurement

¿Cuál es el nombre correcto de la siguiente figura? Marca tu respuesta.

A   Hexágono

B   Octágono

C   Pentágono

D   Triángulo

Reporting Category 3 – 3.6 (B) Geometry and Measurement

¿Cuál figura tiene menos de 5 lados? Marca tu respuesta.

A   Triángulo recto

B   Pentágono regular

C   Hexágono

D   Octágono

Reporting Category 3 – 3.6 (B) Geometry and Measurement

☐ **¿Cuáles de los siguientes NO son polígonos? Marca tu respuesta.**

A

C

B

D

Reporting Category 3 – 3.6 (B) Geometry and Measurement

☐ **El hermanito de Brad recibió de cumpleaños un tambor de juguete.**

¿Cuál figura geométrica representa mejor el tambor de juguete? Marca tu respuesta.

A **Esfera** C **Hexágono**

B **Cilindro** D **Pirámide**

Reporting Category 3 – 3.6 (B) Geometry and Measurement

☐ **¿Cuál es el nombre correcto para la siguiente figura? Marca tu respuesta.**

A **Trapezoide**

B **Pirámide**

C **Hexágono**

D **Pentágono regular**

Reporting Category 3 – 3.6 (B) Geometry and Measurement

☐ ¿Cuál figura tiene 6 o más lados? Marca tu respuesta.

A   Triángulo

B   Rectángulo

C   Pentágono

D   Cubo

Reporting Category 3 – 3.6 (B) Geometry and Measurement

☐ ¿Cuál de las siguientes afirmaciones describe mejor las siguientes figuras? Marca tu respuesta.

A   Todas las figuras son prismas.

B   Todas las figuras tienen la misma área y perímetro.

C   Todas las figuras son cuadriláteros.

D   Todas las figuras son tri-dimensionales.

Reporting Category 3 – 3.6 (B) Geometry and Measurement

☐ ¿Cuál figura tiene menos de 6 lados? Marca tu respuesta.

A   Hexágono

B   Pentágono

C   Octágono

D   Heptágono

Reporting Category 3 – 3.6 (C) Geometry and Measurement

☐ ¿Cuál es el área de *uno* de los cuatro pequeños Triángulos en el cuadrado? Marca tu respuesta.

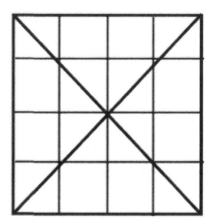

A   16 unidades cuadradas   C   4 unidades cuadradas

B   6 unidades cuadradas   D   3 unidades cuadradas

Reporting Category 3 – 3.6 (C) Geometry and Measurement

☐ La Sra. Mason pintó un diseño en una pared de su recámara. El área que no está sombreada muestra el diseño que ella pintó. ¿Cuál es el área de la parte sombreada? Marca tu respuesta.

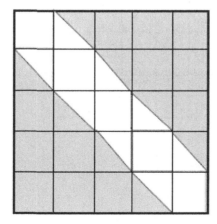

A   17 unidades cuadradas   C   9 unidades cuadradas

B   20 unidades cuadradas   D   16 unidades cuadradas

Name _____

Reporting Category 3 – 3.6 (C) Geometry and Measurement

La cafetería tiene algunos azulejos nuevos en el piso. Las partes sombreadas representan la nueva área de azulejo. ¿Cuál es el área de los nuevos azulejos? Marca tu respuesta.

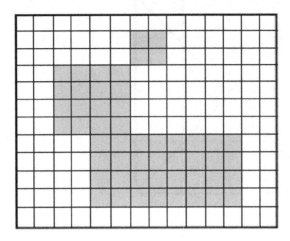

A   53 pies cuadrados   C   51 pies cuadrados

B   52 pies cuadrados   D   57 pies cuadrados

Reporting Category 3 – 3.6 (C) Geometry and Measurement

¿Cuál es el área de la parte sombreada? Marca tu respuesta.

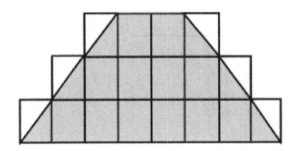

A   15 metros cuadrados

B   18 metros cuadrados

C   14 metros cuadrados

D   12 metros cuadrados

Reporting Category 3 – 3.6 (C) Geometry and Measurement

☐   ¿Cuál es el área de la parte sombreada? Marca tu respuesta.

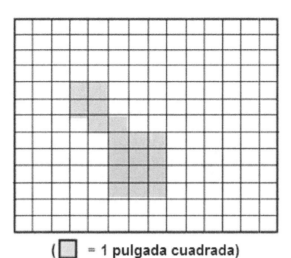

(☐ = 1 pulgada cuadrada)

A   16 pulgadas cuadradas   C   18 pulgadas cuadradas

B   17 pulgadas cuadradas   D   19 pulgadas cuadradas

Reporting Category 3 – 3.6 (C) Geometry and Measurement

☐   La colcha cuadrada mide $8\frac{1}{2}$ por $9\frac{1}{2}$ centímetros. ¿Cuál es el área de la parte sombreada? Marca tu respuesta.

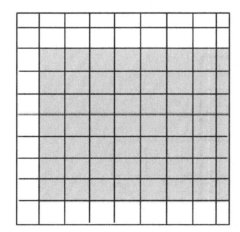

A   90 centímetros cuadrados   C   73 centímetros cuadrados

B   56 centímetros cuadrados   D $52\frac{1}{2}$ centímetros cuadrados

Reporting Category 3 – 3.6 (C) Geometry and Measurement

☐   Alex dividió un cuadrado en dos triángulos. Coloreó un triángulo y el otro triángulo lo dejó blanco. ¿Cuál es el área del triángulo coloreado? Marca tu respuesta.

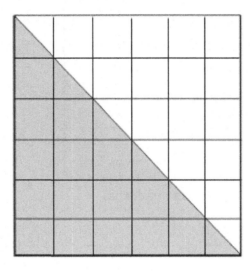

A   21 unidades cuadradas   C   30 unidades cuadradas

B   18 unidades cuadradas   D   19 unidades cuadradas

Reporting Category 3 – 3.6 (C) Geometry and Measurement

☐   ¿Cuál es el área de *una* de las tres pequeñas figuras dentro del polígono? Marca tu respuesta.

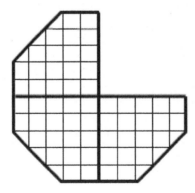

A   21 unidades cuadradas   C $21\frac{1}{2}$ unidades cuadradas

B   21 unidades cuadradas   D $20\frac{1}{2}$ unidades cuadradas

Reporting Category 3 – 3.6 (C) Geometry and Measurement

¿Cuál es el área en pulgadas cuadradas de la parte sombreada? Marca tu respuesta.

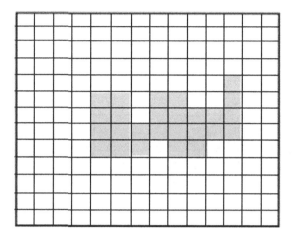

A   24 pulgadas cuadradas

C   26 pulgadas cuadradas

B   25 pulgadas cuadradas

D   23 pulgadas cuadradas

Reporting Category 3 – 3.6 (C) Geometry and Measurement

Un tapete en la recámara de Jacob mide 5 pies por 8 pies. ¿Cuál es el área del tapete? Marca tu respuesta.

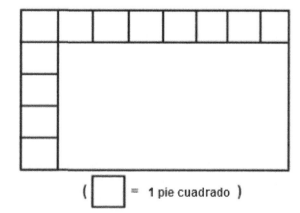

(☐ = 1 pie cuadrado)

A   12 pies cuadrados

C   13 pies cuadrados

B   40 pies cuadrados

D   45 pies cuadrados

Reporting Category 3 – 3.6 (C) Geometry and Measurement

¿Cuál es el área del triángulo ABC? Marca tu respuesta.

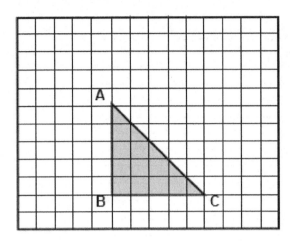

A   12 unidades cuadradas   C $11\frac{1}{2}$ unidades cuadradas

B   15 unidades cuadradas   D $12\frac{1}{2}$ unidades cuadradas

Reporting Category 3 – 3.6 (C) Geometry and Measurement

¿Cuál es el área de la *mitad* de los cuatro pequeños triángulos en el cuadrado? Marca tu respuesta.

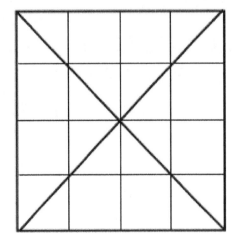

A   8 unidades cuadradas   C   10 unidades cuadradas

B   16 unidades cuadradas   D   4 unidades cuadradas

Reporting Category 3 – 3.6 (C) Geometry and Measurement

☐ ¿Cuál es el área del diseño sin sombrear? Marca tu respuesta.

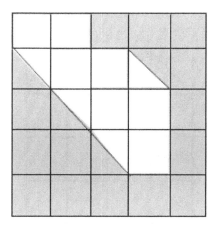

A   11 unidades cuadradas   C   9 unidades cuadradas

B   10 unidades cuadradas   D   8 unidades cuadradas

Reporting Category 3 – 3.6 (C) Geometry and Measurement

☐ Emily diseñó un patrón para que su abuela lo usara en una colcha. ¿Cuál es el área de la colcha? Marca tu respuesta.

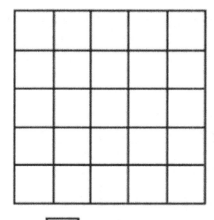

(☐ = 1 pie cuadrado)

A   10 pies cuadrados   C   26 pies cuadrados

B   25 pies cuadrados   D   20 pies cuadrados

Reporting Category 3 – 3.6 (C) Geometry and Measurement

Macy compró azulejos de color para la cubierta de una mesa. Si cada azulejo mide 2 pulgadas cuadradas, ¿Cuál es el área de la parte sombreada de la cubierta de la mesa? Marca tu respuesta.

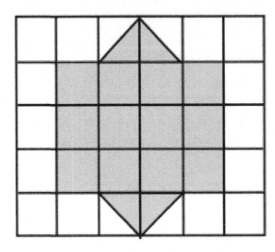

| A | 14 pulgadas cuadradas | C | 10 pulgadas cuadradas |
| B | 9 pulgadas cuadradas | D | 28 pulgadas cuadradas |

Reporting Category 3 – 3.6 (C) Geometry and Measurement

La alberca en un parque citadino mide 10 pies de cada lado. La parte sombreada representa el área profunda de la alberca. ¿Cuál es el área de la parte sin sombrear de la alberca? Marca tu respuesta.

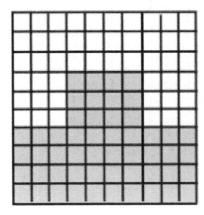

| A | 52 unidades cuadradas | C | 48 unidades cuadradas |
| B | 100 unidades cuadradas | D | 46 unidades cuadradas |

Reporting Category 3 – 3.6 (D) Geometry and Measurement

☐ Observa la siguiente imagen que muestra un boceto del jardín que quiere construir el papá de Mike. ¿Cuál será el área del jardín del papá de Mike? Marca tu respuesta.

A   30 yd²

B   16 yd²

C   22 yd²

D   26 yd²

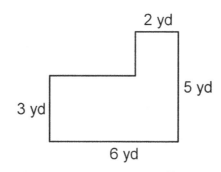

Reporting Category 3 – 3.6 (D) Geometry and Measurement

☐ ¿Cuál es el área de la siguiente figura? Marca tu respuesta.

A   32

B   24

C   18

D   28

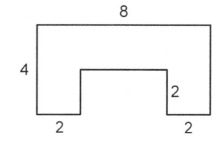

Reporting Category 3 – 3.6 (D) Geometry and Measurement

☐ La Sra. Kane puso una nueva alberca en su patio. Observa la siguiente imagen, ¿cuál es el área de su alberca? Marca tu respuesta.

A   72 yd²

B   96 yd²

C   29 yd²

D   88 yd²

Reporting Category 3 – 3.6 (D) Geometry and Measurement

La siguiente imagen muestra el camino de la banqueta en el Parque Blue Bonnet. Encuentra el área del camino en las siguientes opciones. Marca tu respuesta.

A   100 yd^2

B   21 yd^2

C   58 yd^2

D   40 yd^2

Reporting Category 3 – 3.6 (D) Geometry and Measurement

¿Cuál es el área de la figura que se muestra? Marca tu respuesta.

A   26

B   14

C   13

D   28

Reporting Category 3 – 3.6 (D) Geometry and Measurement

Encuentra el área de la letra T en la siguiente imagen. Marca tu respuesta.

A   16

B   24

C   20

D   28

Reporting Category 3 – 3.6 (D) Geometry and Measurement

La escuela Brandon Elementary organizó un Festival de Otoño y necesitaban una pista de baile. Observa la imagen de la pista de baile. ¿Cuál es el área de la pista de baile? Marca tu respuesta.

A   72 yd²

B   80 yd²

C   24 yd²

D   48 yd²

Reporting Category 3 – 3.6 (D) Geometry and Measurement

¿Cuál es el área de la siguiente figura? Marca tu respuesta.

A   3

B   10

C   20

D   59

Reporting Category 3 – 3.6 (D) Geometry and Measurement

Encuentra el área de la letra L en la siguiente imagen. Marca tu respuesta.

A   48

B   36

C   24

D   18

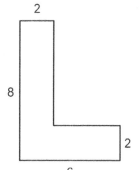

Reporting Category 3 – 3.6 (D) Geometry and Measurement

☐ El entrenador Miller llevó a su grupo a los juegos. Ayuda al entrenador Miller a encontrar el área donde están los juegos. Marca tu respuesta.

A   **86 yd²**

B   **80 yd²**

C   **12 yd²**

D   **68 yd²**

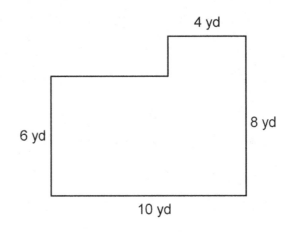

Reporting Category 3 – 3.6 (D) Geometry and Measurement

☐ ¿Cuál es el área de la siguiente figura? Marca tu respuesta.

A   **30**

B   **36**

C   **21**

D   **12**

Reporting Category 3 – 3.6 (D) Geometry and Measurement

☐ Encuentra el área de la letra H en la imagen. Marca tu respuesta.

A   **11**

B   **10**

C   **21**

D   **20**

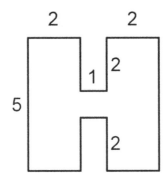

Reporting Category 3 – 3.6 (D) Geometry and Measurement

En el parque local hay un jardín japonés. Encuentra el área del jardín japonés usando la siguiente imagen. Marca tu respuesta.

A   60 yd²

B   52 yd²

C   8 yd²

D   26 yd²

Reporting Category 3 – 3.6 (D) Geometry and Measurement

¿Cuál es el área de la siguiente figura? Marca tu respuesta.

A   23

B   24

C   33

D   34

Reporting Category 3 – 3.6 (D) Geometry and Measurement

Encuentra el área de la letra U en la imagen. Marca tu respuesta.

A   9

B   12

C   15

D   18

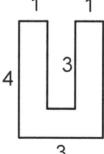

Reporting Category 3 – 3.6 (D) Geometry and Measurement

Encuentra el área de la escuela LBJ Elementary usando la siguiente imagen. Marca tu respuesta.

A   100 yd²

B   96 yd²

C   24 yd²

D   4 yd²

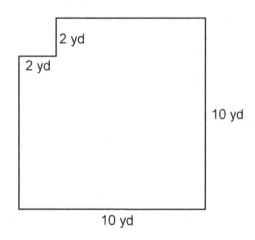

Reporting Category 3 – 3.6 (D) Geometry and Measurement

¿Cuál es el área de la siguiente figura? Marca tu respuesta.

A   24

B   64

C   48

D   32

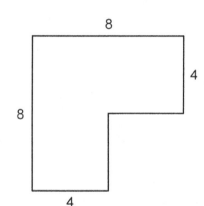

Reporting Category 3 – 3.6 (D) Geometry and Measurement

Encuentra el área de la letra C en la imagen. Marca tu respuesta.

A   11

B   12

C   9

D   20

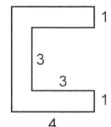

Reporting Category 3 – 3.6 (D) Geometry and Measurement

La siguiente imagen muestra el dibujo de un patio en forma de cruz. Encuentra el área de la cruz y marca tu respuesta.

A   16 yd²

B   20 yd²

C   18 yd²

D   22 yd²

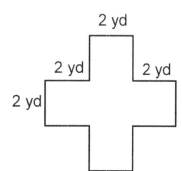

Reporting Category 3 – 3.6 (D) Geometry and Measurement

¿Cuál es el área de la siguiente figura? Marca tu respuesta.

A   53

B   26

C   54

D   27

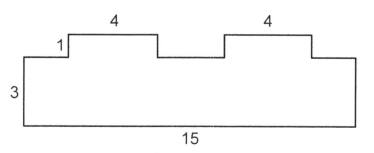

Reporting Category 3 – 3.6 (D) Geometry and Measurement

Encuentra el área de la letra I en la siguiente imagen. Marca tu respuesta.

A   8

B   18

C   4

D   14

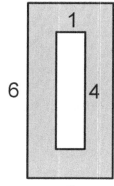

Reporting Category 3 – 3.6 (D) Geometry and Measurement

☐ La Mamá de Mark necesitaba reeplazar una ventana rota. Utiliza la siguiente imagen para encontrar el área de la ventana que necesita ser reemplazada. Marca tu respuesta.

A   16 ft^2

B   9 ft^2

C   25 ft^2

D   18 ft^2

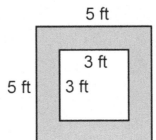

Reporting Category 3 – 3.6 (D) Geometry and Measurement

☐ ¿Cuál es el área de la siguiente figura? Marca tu respuesta.

A   20

B   24

C   40

D   44

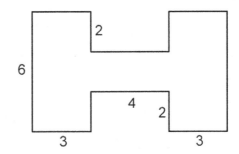

Reporting Category 3 – 3.6 (D) Geometry and Measurement

☐ Encuentra el área de la letra F en la siguiente imagen. Marca tu respuesta.

A   10

B   8

C   7

D   3

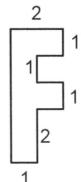

Name _____

☐ ¿Cuál fracción representa la parte sombreada del siguiente modelo? Marca tu respuesta.

A $\dfrac{4}{5}$

C $\dfrac{4}{4}$

B $\dfrac{1}{5}$

D $\dfrac{1}{4}$

☐ El modelo está sombreado para representar una fracción.

¿Cuál modelo muestra una fracción equivalente? Marca tu respuesta.

A

C

B

D

☐ ¿Cuál modelo sombreado muestra una fracción equivalente a $\dfrac{1}{4}$? Marca tu respuesta.

A

C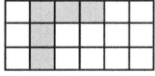

B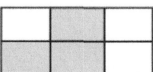

D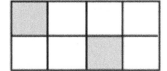

Reporting Category 3 – 3.6 (E) Geometry and Measurement

☐ ¿Cuál par de figuras muestra fracciones equivalentes? Marca tu respuesta.

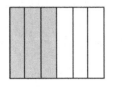 A

 C

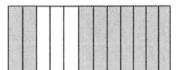

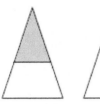 B

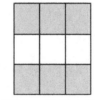 D

Reporting Category 3 – 3.6 (E) Geometry and Measurement

☐ ¿Cuál fracción representa la parte sombreada del modelo? Marca tu respuesta.

A $\frac{1}{6}$　　　　C $\frac{7}{1}$

B $\frac{1}{7}$　　　　D $\frac{7}{6}$

Reporting Category 3 – 3.6 (E) Geometry and Measurement

☐ ¿Cuáles figuras muestran fracciones equivalentes? Marca tu respuesta.

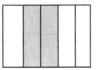 A

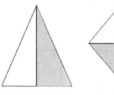 C

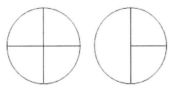 B

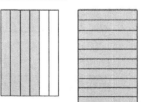 D

Reporting Category 3 – 3.6 (E) Geometry and Measurement

El modelo está sombreado para representar una fracción.

¿Cuál modelo muestra una fracción equivalente?

A

C

B

D

Reporting Category 3 – 3.6 (E) Geometry and Measurement

¿Cuál modelo sombreado muestra una fracción equivalente a $\frac{3}{5}$? Marca tu respuesta.

A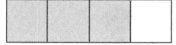

C

B

D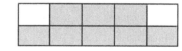

Reporting Category 3 – 3.6 (E) Geometry and Measurement

¿Cuáles figuras muestran fracciones equivalentes? Marca tu respuesta.

A

C

B

D

Reporting Category 3 – 3.6 (E) Geometry and Measurement

☐ **¿Cuál fracción representa la parte sombreada del siguiente modelo? Marca tu respuesta.**

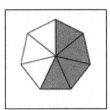

A $\frac{4}{7}$ C $\frac{3}{7}$

B $\frac{3}{4}$ D $\frac{4}{3}$

Reporting Category 3 – 3.6 (E) Geometry and Measurement

El modelo está sombreado para representar una fracción.

¿Cuál modelo muestra una fracción equivalente? Marca tu respuesta.

A   C

B   D

Reporting Category 3 – 3.6 (E) Geometry and Measurement

☐ **¿Cuáles figuras muestran fracciones equivalentes? Marca tu respuesta.**

A 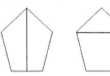   C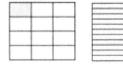

B   D

Reporting Category 3 – 3.7 (B) Geometry and Measurement

☐ **Usa tu regla para medir los lados del polígono al centímetro más cercano. ¿Cuál es el perímetro más cercano del polígono? Marca tu respuesta.**

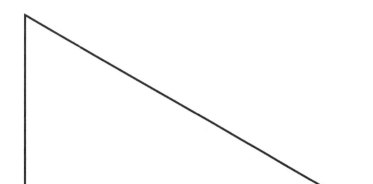

A 25 cm	C 26 cm
B 10 cm	D 24 cm

Reporting Category 3 – 3.7 (B) Geometry and Measurement

☐ **El Sr. Thompson construyó una cerca alrededor de su patio. ¿Cuántos pies de cerca usó? Marca tu respuesta.**

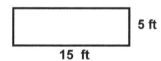

5 ft

15 ft

A 40 pies	C 20 pies
B 30 pies	D 50 pies

Reporting Category 3 – 3.7 (B) Geometry and Measurement

☐ **¿Cuál es el perímetro del cuadrado? Marca tu respuesta.**

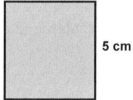

5 cm

A 5 centímetros	C 15 centímetros
B 10 centímetros	D 20 centímetros

Name _____

Reporting Category 3 – 3.7 (B) Geometry and Measurement

¿Cuántos pies de luces navideñas se necesitan para el rededor de esta ventana? Marca tu respuesta.

A   138 in   C   276 in

B   266 in   D   193 in

Reporting Category 3 – 3.7 (B) Geometry and Measurement

Usa tu regla para medir el perímetro del conjunto de monedas de 1¢, en pulgadas. ¿Cuál es el perímetro del rectángulo de monedas de 1¢, a la pulgada más cercana? Marca tu respuesta.

A   6 pulgadas   C   4 pulgadas

B   3 pulgadas   D   8 pulgadas

Reporting Category 3 – 3.7 (B) Geometry and Measurement

¿Cuál es el perímetro del triángulo? Marca tu respuesta.

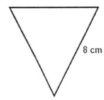

8 cm

A   8 cm   C   16 cm

B   24 cm   D   14 cm

Reporting Category 3 – 3.7 (B) Geometry and Measurement

¿Cuál es el perímetro del cuadrado? Marca tu respuesta.

13 cm

A	13 cm	C	52 cm
B	26 cm	D	39 cm

Reporting Category 3 – 3.7 (B) Geometry and Measurement

Usa tu regla para medir el perímetro del rectángulo de clips a la pulgada más cercana. ¿Cuál es el perímetro del rectángulo de clips a la pulgada más cercana? Marca tu respuesta.

A	8 pulgadas	C	4 pulgadas
B	6 pulgadas	D	10 pulgadas

Reporting Category 3 – 3.7 (B) Geometry and Measurement

¿Cuál es el perímetro de esta figura? Marca tu respuesta.

5 cm

8 cm

A	33 centímetros	C	26 centímetros
B	13 centímetros	D	36 centímetros

Reporting Category 3 – 3.7 (B) Geometry and Measurement

☐ **Usa tu regla para medir el perímetro del polígono a la pulgada más cercana. ¿Cuál es el perímetro de este polígono? Marca tu respuesta.**

A	5 in	C	10 in
B	25 in	D	9 in

Reporting Category 3 – 3.7 (B) Geometry and Measurement

☐ **La Sra. Lincoln quiere poner encaje alrededor de esta almohada. ¿Cuánto encaje debe comprar? Marca tu respuesta.**

18 pulgadas

27 pulgadas

A	35 pulgadas	C	45 pulgadas
B	60 pulgadas	D	90 pulgadas

Reporting Category 3 – 3.7 (B) Geometry and Measurement

☐ **¿Cuál es el perímetro de esta figura? Marca tu respuesta.**

3 cm

A	6 centímetros	C	3 centímetros
B	12 centímetros	D	9 centímetros

Reporting Category 3 – 3.7 (C) Geometry and Measurement

☐ La mamá de Kathryn la recoge en la escuela a la hora que señala este reloj. ¿A qué hora recoge a Kathryn su mamá? Marca tu respuesta.

A	2:01	C	2:05
B	1:10	D	2:10

Reporting Category 3 – 3.7 (C) Geometry and Measurement

☐ Jared debía regresar de la casa de Austin entre las 3:30 P.M. y las 4:30 P.M. ¿Cuál reloj muestra una hora entre las 3:30 P.M. y las 4:30 P.M.? Marca tu respuesta.

A   C

B   D

Reporting Category 3 – 3.7 (C) Geometry and Measurement

☐ Brad se va a la cama cada noche a la misma hora que muestra el reloj. ¿Cuál reloj digital muestra la misma hora? Marca tu respuesta.

A   C

B   D

Reporting Category 3 – 3.7 (C) Geometry and Measurement

☐ El programoa de TV favorito de Pedro empieza en 15 minutos. Si ahora son las 8:45 ¿cuál reloj muestra la hora en que empieza el programo de TV de Pedro? Marca tu respuesta.

A   C

B   D

Reporting Category 3 – 3.7 (C) Geometry and Measurement

☐ ¿Cuál reloj muestra la hora 6:45? Marca tu respuesta.

A   C

B   D

Reporting Category 3 – 3.7 (C) Geometry and Measurement

☐ El Sr. Butler salió de su casa a las 8:30 P.M. para ir al cine. Llegó a casa del trabajo a las 5:15 P.M. Cortó el pasto en 1 hora, descansó por 30 minutos, y comió su cena en 25 minutos. ¿Tuvo por lo menos 30 minutos para leer el periódico antes de ir al cine? Marca tu respuesta.

A   Sí, tuvo 50 minutos antes de ir al cine.

B   Sí, tuvo 45 minutos antes de ir al cine.

C   No, se fue al cine después de comer su cena.

D   No, necesitó 3 horas 15 minutos para completar todas sus actividades.

Name _____

Reporting Category 3 – 3.7 (C) Geometry and Measurement

☐ ¿Cuál reloj tiene una hora entre las 9:45 y las 10:30? Marca tu respuesta.

A

C

B

D

Reporting Category 3 – 3.7 (C) Geometry and Measurement

☐ La mamá de Kathryn la recoge de su clase de música a la hora que muestra el reloj. ¿A qué hora la recoge su mamá a Kathryn? Marca tu respuesta.

A   3:10   C   2:40

B   3:20   D   2:20

Reporting Category 3 – 3.7 (C) Geometry and Measurement

☐ La primera campana suena en la escuela de Brad a la hora que tiene el reloj digital.

8:15

¿Cuál reloj muestra la misma hora? Marca tu respuesta

A

C

B

D

Reporting Category 3 – 3.7 (C) Geometry and Measurement

☐ José terminó su tarea a la hora que muestra el siguiente reloj. ¿Cuál reloj digital muestra la misma hora? Marca tu respuesta.

A [7:45]

C [8:09]

B [7:15]

D [6:45]

Reporting Category 3 – 3.7 (C) Geometry and Measurement

☐ La Sra. Canter espera un envío por Federal Express entre las 3:20 P.M. y las 4:20 P.M. ¿Cuál reloj muestra una hora entre las 3:20 P.M. y las 4:20 P.M.? Marca tu respuesta.

A

C

B

D

Reporting Category 3 – 3.7 (C) Geometry and Measurement

☐ Rosemary sale a la escuela cada mañana a las 8:00 A.M. Se levanta a las 6:00 A.M. Le toma 25 minutos para vestirse, 20 minutos para desayunar, y 20 minutos para arreglar su cama y su recámara. Si practica piano por 1 hora todos los días, ¿tiene una hora para practicar en la mañana antes de ir a la escuela? Marca tu respuesta.

A   Sí, ella tiene 60 minutos antes de irse a la escuela, para practicar piano.

B   No, sólo tiene 55 minutos para practicar piano.

C   Sí, sus actividades matutinas sólo usan 65 minutos de su hora.

D   No, ella necesita 45 minutos para practicar el piano.

Reporting Category 3 – 3.7 (C) Geometry and Measurement

La Sra. Martin debe trabajar 45 minutos más antes de poder dejar el trabajo para ir a casa. Si sale a las cinco en punto, ¿Cuál reloj muestra la hora actual? Marca tu respuesta.

A   C

B   D

Reporting Category 3 – 3.7 (C) Geometry and Measurement

Un avión sale del aeropuerto a las 6:10 P.M. ¿Cuál reloj muestra la hora en que el avión sale del aeropuerto? Marca tu respuesta.

A   C

B   D

Reporting Category 3 – 3.7 (C) Geometry and Measurement

Los invitados a la cena de la Sra. Moore llegarán a las 7:30 P.M. Ella llega a casa del trabajo a las 5:15 P.M. Le tomará 15 minutos preparar la mesa, 30 minutos hacer la ensalada, 25 minutos hacer el postre, 20 minutos hacer el guisado y 35 minutos hornearlo. La Sra. Moore necesita también 30 minutos para arreglarse. ¿Debe la Sra. Moore salir más temprano de la hora normal de las 5:15 P.M. para tener tiempo de hacer todos los preparativos para la cena de sus invitados? Marca tu respuesta.

A   No, ella sólo necesita 2 horas 35 minutos para completar todos los preparativos

B   No, ella tiene 2 horas 15 minutos para completar todos los preparativos

C   Sí, necesita salir del trabajo a las 4:55 P.M. para tener 2 horas y 35 minutos para completar todos los preparativos.

D   Sí, necesita salir del trabajo al medio día para tener tiempo para completar todos los preparativos

Reporting Category 3 – 3.7 (C) Geometry and Measurement

☐ **Matt salió de casa para ir a practicar béisbol a la hora que muestra el reloj. ¿A qué hora se fue Matt a practicar béisbol? Marca tu respuesta.**

A	2:30	C	6:10
B	6:02	D	6:20

Reporting Category 3 – 3.7 (C) Geometry and Measurement

☐ **Un avión salió del aeropuerto a las 5:20 P.M. ¿Cuál reloj muestra la hora en que el avión salió del aeropuerto? Marca tu respuesta.**

A   C

B   D

Reporting Category 3 – 3.7 (C) Geometry and Measurement

☐ **Andy se fue a la cama anoche a la hora que muestra el reloj.**

¿Cuál reloj digital muestra la misma hora? Marca tu respuesta.

A 4:47   C 9:20

B 4:90   D 9:40

Reporting Category 3 – 3.7 (C) Geometry and Measurement

☐ **La Srta. Davis fue a la plaza entre las 2:55 P.M. y las 3:40 P.M. ¿Cuál reloj muestra la hora entre las 2:55 P.M. y las 3:40 P.M.? Marca tu respuesta.**

A   C

B   D

Reporting Category 3 – 3.7 (C) Geometry and Measurement

☐ **¿Cuál reloj muestra las 5:30? Marca tu respuesta.**

A   C

B   D

Reporting Category 3 – 3.7 (C) Geometry and Measurement

☐ **Seth llega de la escuela todos los días a las 3:15 P.M. Le toma 30 minutos hacer sus quehaceres, 45 minutos hacer su tarea, y ve las caricaturas por 1 hora. ¿Puede completar todas estas actividades antes de que llegue su mamá a las 5:30 P.M.? Marca tu respuesta.**

A **Sí, sus actividades extraescolares le toman 2 horas 15 minutos.**

B **Sí, su mamá llegará 15 minutos más tarde la mayoría del tiempo.**

C **No, sólo tiene 1 hora 45 minutos antes de que su mamá llegue a casa.**

D **No, sus actividades toman 2 horas 45 minutos.**

Reporting Category 3 – 3.7 (D) Geometry and Measurement

☐ ¿Con cuál de las siguientes medidas se puede estimar mejor el volumen de un vaso grande de leche? Marca tu respuesta.

A   1 tonelada

B   1 pinta

C   10 libras

D   10 cuartos de galón

Reporting Category 3 – 3.7 (D) Geometry and Measurement

☐ ¿Cuál de los siguientes es una unidad de medida usual para volumen de líquido? Marca tu respuesta.

A   onza fluida

B   litro

C   tonelada

D   libra

Reporting Category 3 – 3.7 (D) Geometry and Measurement

☐ ¿Cuál de las siguientes medidas estima mejor el volumen de un auto pequeño? Marca tu respuesta.

A   1,000 litros

B   100 libras

C   100 onzas

D   1,000 kilogramos

Reporting Category 3 – 3.7 (D) Geometry and Measurement

☐ **¿Cuál de las siguientes medidas estima mejor el volumen de una botella grande de soda? Marca tu respuesta.**

A   **20 kilogramos**

B   **2 toneladas**

C   **2 litros**

D   **20 onzas fluidas**

Reporting Category 3 – 3.7 (D) Geometry and Measurement

☐ **¿Cuál de las siguientes es una unidad de medida de peso usual? Marca tu respuesta.**

A   **pinta**

B   **libra**

C   **milímetro**

D   **gramo**

Reporting Category 3 – 3.7 (D) Geometry and Measurement

☐ **¿Cuál de las siguientes medidas estima mejor el volumen de un botón? Marca tu respuesta.**

A   **1 tonelada**

B   **5 litros**

C   **40 onzas fluidas**

D   **20 gramos**

Reporting Category 3 – 3.7 (D) Geometry and Measurement

☐ ¿Cuál de las siguientes medidas estima mejor la cantidad de agua en un acuario? Marca tu respuesta.

A   10 mililitros

B   40 litros

C   10 onzas

D   40 onzas fluidas

Reporting Category 3 – 3.7 (D) Geometry and Measurement

☐ ¿Cuál de las siguientes es una unidad métrica de medida de volumen líquido? Marca tu respuesta.

A   onza

G   globo

C   kilogramo

D   litro

Reporting Category 3 – 3.7 (D) Geometry and Measurement

☐ ¿Cuál de las siguientes medidas estima mejor el volumen de un elefante? Marca tu respuesta.

A   5 cuartos de galón

B   2 toneladas

C   5 mililitros

D   2 gramos

Reporting Category 3 – 3.7 (D) Geometry and Measurement

☐   **¿Cuál de las siguientes medidas estima mejor el volumen de un pastel? Marca tu respuesta.**

A   **60 kilogramos**

B   **60 litros**

C   **6 libras**

D   **6 cuartos de galón**

Reporting Category 3 – 3.7 (D) Geometry and Measurement

☐   **¿Cuál de las siguientes es una unidad métrica de medida de peso? Marca tu respuesta.**

A   **libra**

B   **kilogramo**

C   **taza**

D   **litro**

Reporting Category 3 – 3.7 (D) Geometry and Measurement

☐   **¿Cuál de las siguientes medidas estima mejor el volumen de jugo en un vaso pequeño? Marca tu respuesta.**

A   **1 taza**

B   **10 litros**

C   **1 libra**

D   **10 kilogramos**

Reporting Category 3 – 3.7 (D) Geometry and Measurement

☐ ¿Cuál de las siguientes medidas estima mejor el volumen de una pelota? Marca tu respuesta.

A   50 kilogramos

B   20 litros

C   10 galones

D   1 libra

Reporting Category 3 – 3.7 (D) Geometry and Measurement

☐ ¿Cuál de los siguientes es una unidad de medida usual de volumen de líquidos? Marca tu respuesta.

A   onza fluida

B   litro

C   tonelada

D   gramo

Reporting Category 3 – 3.7 (D) Geometry and Measurement

☐ ¿Cuál de las siguientes medidas estima mejor el volumen de un niño? Marca tu respuesta.

A   60 litros

B   60 kilogramos

C   12 galones

D   12 toneladas

Reporting Category 3 – 3.7 (D) Geometry and Measurement

☐ ¿Cuál de las siguientes medidas estima mejor el volumen de una copa de medicina? Marca tu respuesta.

A   1 taza

B   1 gramo

C   1 onza fluida

D   1 onza

Reporting Category 3 – 3.7 (D) Geometry and Measurement

☐ ¿Cuál de los siguientes es una unidad de medida usual para peso? Marca tu respuesta.

A   mililitro

B   gramo

C   onza fluida

D   onza

Reporting Category 3 – 3.7 (D) Geometry and Measurement

☐ ¿Cuál de las siguientes medidas estima mejor el volumen de una lata de gas? Marca tu respuesta.

A   50 litros

B   40 onzas fluidas

C   50 gramos

D   40 toneladas

Reporting Category 3 – 3.7 (D) Geometry and Measurement

☐ **¿Cuál de las siguientes medidas estima mejor el volumen de agua en un tubo de ensayo? Marca tu respuesta.**

A **5 galones**

B **5 mililitros**

C **5 libras**

D **5 kilogramos**

Reporting Category 3 – 3.7 (D) Geometry and Measurement

☐ **¿Cuál de las siguientes es una unidad métrica de medida de volumen líquido? Marca tu respuesta.**

A **kilogramo**

B **libra**

C **litro**

D pinta

Reporting Category 3 – 3.7 (D) Geometry and Measurement

☐ **¿Cuál de las siguientes medidas estima mejor el volumen de una bolsa de manzanas? Marca tu respuesta.**

A **100 litros**

B **10 onzas fluidas**

C **100 kilogramos**

D **10 libras**

Reporting Category 3 – 3.7 (D) Geometry and Measurement

☐ ¿Cuál de las siguientes medidas estima mejor el volumen de un camión? Marca tu respuesta.

A   3 toneladas

B   3 kilogramos

C   3 litros

D   3 pintas

Reporting Category 3 – 3.7 (D) Geometry and Measurement

☐ ¿Cuál de las siguientes es una unidad métrica de medida de peso? Marca tu respuesta.

A   libra

B   onza fluida

C   gramo

D   litro

Reporting Category 3 – 3.7 (D) Geometry and Measurement

☐ ¿Cuál de las siguientes medidas estima mejor el volumen de una botella de soda? Marca tu respuesta.

A   1 gramo

B   1 tonelada

C   1 mililitro

D   1 pinta

Name _____

Reporting Category 3 – 3.7 (E) Geometry and Measurement

¿Cuál es el peso de las manzanas en la siguiente imagen? Marca tu respuesta.

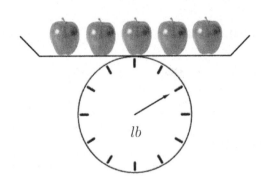

A   2 toneladas

B   2 libras

C   2 onzas

D   2 litros

Reporting Category 3 – 3.7 (E) Geometry and Measurement

¿Cuál es el volumen de leche en la siguiente imagen? Marca tu respuesta.

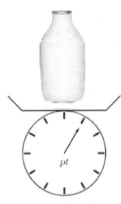

A   1 onza fluida

B   1 litro

C   1 pinta

D   1 libra

Reporting Category 3 – 3.7 (E) Geometry and Measurement

¿Cuál es el peso de la sandía en la siguiente imagen? Marca tu respuesta

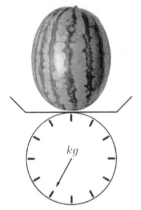

A   7 kilogramos

B   7 libras

C   7 onzas

D   7 cuartos de galón

Reporting Category 3 – 3.7 (E) Geometry and Measurement

☐ **¿Cuál es el volumen de la cola en la siguiente imagen? Marca tu respuesta.**

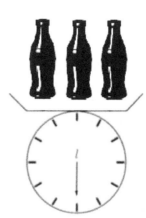

A   **6 kilogramos**

B   **6 pintas**

C   **6 litros**

D   **6 onzas fluidas**

Reporting Category 3 – 3.7 (E) Geometry and Measurement

☐ **¿Cuál es el peso del café en la siguiente imagen? Marca tu respuesta.**

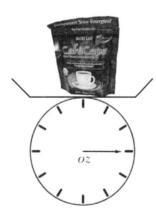

A   **3 kilogramos**

B   **3 toneladas**

C   **3 libras**

D   **3 onzas**

Reporting Category 3 – 3.7 (E) Geometry and Measurement

☐ **¿Cuál es el volumem del jugo en la siguiente imagen? Marca tu respuesta.**

A   **8 cuartos de galón**

B   **8 litros**

C   **8 onzas fluidas**

D   **8 mililitros**

Reporting Category 3 – 3.7 (E) Geometry and Measurement

☐ ¿Cuál es el peso del elefante en la siguiente imagen? Marca tu respuesta.

A 4 gramos

B 4 libras

C 4 kilogramos

D 4 toneladas

Reporting Category 3 – 3.7 (E) Geometry and Measurement

☐ ¿Cuál es el volumen de líquido en el tubo de ensayo de la siguiente imagen? Marca tu respuesta.

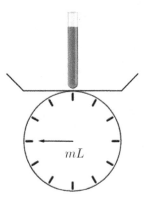

A 9 mililitros

B 9 galones

C 9 litros

D 9 tazas

Reporting Category 3 – 3.7 (E) Geometry and Measurement

☐ ¿Cuál es el peso del insecto en la siguiente imagen? Marca tu respuesta.

A 10 kilogramos

B 10 toneladas

C 10 libras

D 10 gramos

Reporting Category 3 – 3.7 (E) Geometry and Measurement

¿Cuál es el volumen de botellas de leche en la siguiente imagen? Marca tu respuesta.

A   4 mililitros

B   4 cuartos de galón

C   4 libras

D   4 onzas fluidas

Reporting Category 3 – 3.7 (E) Geometry and Measurement

¿Cuál es el peso del gato en la siguiente imagen? Marca tu respuesta.

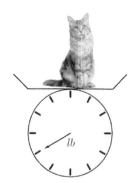

A   8 toneladas

B   8 gramos

C   8 libras

D   8 kilogramos

Reporting Category 3 – 3.7 (E) Geometry and Measurement

¿Cuál es el volumen de agua en la jarra? Marca tu respuesta.

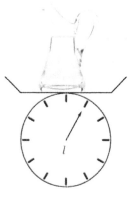

A   1 taza

B   1 litro

C   1 onza fluida

D   1 mililitro

Reporting Category 3 – 3.7 (E) Geometry and Measurement

☐ **¿Cuál es el peso del balón en la siguiente imagen? Marca tu respuesta.**

A   **1 gramo**

B   **1 tonelada**

C   **1 kilogramo**

D   **1 libra**

Reporting Category 3 – 3.7 (E) Geometry and Measurement

☐ **¿Cuál es el volumen de agua en la siguiente imagen? Marca tu respuesta.**

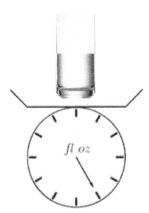

A   **5 onzas fluidas**

B   **5 litros**

C   **5 pintas**

D   **5 mililitros**

Reporting Category 3 – 3.7 (E) Geometry and Measurement

☐ **¿Cuál es el peso del globo en la siguiente imagen? Marca tu respuesta.**

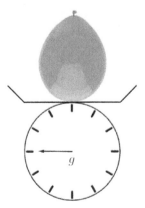

A   **9 toneladas**

B   **9 kilogramos**

C   **9 gramos**

D   **9 libras**

Reporting Category 3 – 3.7 (E) Geometry and Measurement

☐ ¿Cuál es el volumen de leche en la imagen? Marca tu respuesta.

A   2 litros

B   2 onzas fluidas

C   2 mililitros

D   2 galones

Reporting Category 3 – 3.7 (E) Geometry and Measurement

☐ ¿Cuál es el peso del azúcar en la siguiente imagen? Marca tu respuesta.

A   5 toneladas

B   5 gramos

C   5 litros

D   5 libras

Reporting Category 3 – 3.7 (E) Geometry and Measurement

☐ ¿Cuál es el volumen del jugo de durazno en la siguiente imagen? Marca tu respuesta.

A   3 litros

B   3 onzas fluidas

C   3 mililitros

D   3 galones

Reporting Category 3 – 3.7 (E) Geometry and Measurement

☐ ¿Cuál es el peso del perro en la siguiente imagen? Marca tu respuesta.

A   11 toneladas

B   11 gramos

C   11 libras

D   11 kilogramos

Reporting Category 3 – 3.7 (E) Geometry and Measurement

☐ ¿Cuál es el volumen de water en la siguiente imagen? Marca tu respuesta.

A   9 galones

B   9 cuartos de galón

C   9 mililitros

D   9 litros

Reporting Category 3 – 3.7 (E) Geometry and Measurement

☐ ¿Cuál es el peso del cerdo en la siguiente imagen? Marca tu respuesta.

A   10 gramos

B   10 onzas

C   0 kilogramos

D   10 libras

Reporting Category 3 – 3.7 (E) Geometry and Measurement

☐ ¿Cuál es el volumen del té en la siguiente imagen? Marca tu respuesta.

A   1 cuarto de galón

B   1 litro

C   1 taza

D   1 mililitro

Reporting Category 3 – 3.7 (E) Geometry and Measurement

☐ ¿Cuál es el peso de la caja en la siguiente imagen? Marca tu respuesta.

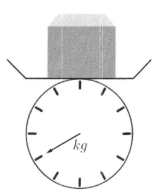

A   8 onzas

B   8 toneladas

C   8 gramos

D   8 kilogramos

Reporting Category 3 – 3.7 (E) Geometry and Measurement

☐ ¿Cuál es el volumen del aceite en la siguiente imagen? Marca tu respuesta.

A   10 litros

B   10 toneladas

C   10 mililitros

D   10 pintas

Reporting Category 4 – 3.4 (C) Number and Operations

☐ ¿Cuál grupo de billetes y monedas tiene el valor de $15.05. Marca tu respuesta.

A

C

B

D

Reporting Category 4 – 3.4 (C) Number and Operations

☐ ¿Cuál grupo de monedas tiene un valor de $0.41? Marca tu respuesta.

A

B

C

D

Reporting Category 4 – 3.4 (C) Number and Operations

☐ ¿Cuál es el valor total de la combinación de monedas? Marca tu respuesta.

A $0.95

C $0.86

B $1.20

D $1.11

Reporting Category 4 – 3.4 (C) Number and Operations

☐ Cuenta las siguientes monedas para encontrar cuánto dinero gastó el Sr. Tucker por una soda.

Si él tenía $2.00, ¿cuánto dinero le queda? Marca tu respuesta.

A    C

B    D

Reporting Category 4 – 3.4 (C) Number and Operations

☐ ¿Cuál es el valor total del dinero que se muestra? Marca tu respuesta.

A $3.17

B $10.17

C $3.22

D $3.07

Reporting Category 4 – 3.4 (C) Number and Operations

☐ ¿Cómo debes contar estas monedas para saber cuánto dinero se muestra? Marca tu respuesta.

A   50, 1.00, 25, 20, 25

B   50, 50, 25, 30, 35

C   50, 75, 1.00, 1.05, 1.10

D   50, 1.00, 1.25, 1.30, 1.35

Reporting Category 4 – 3.4 (C) Number and Operations

☐ **¿Cuál es el valor total de la combinación de monedas? Marca tu respuesta.**

A $0.85

B $1.15

C $1.05

D $1.10

Reporting Category 4 – 3.4 (C) Number and Operations

☐ **¿Cuál es el valor total del dinero que se muestra? Marca tu respuesta.**

A $6.55

B $15.35

C $15.30

D $6.30

Reporting Category 4 – 3.4 (C) Number and Operations

☐ **¿Cuál grupo de billetes y monedas tiene el valor de $2.45. Marca tu respuesta.**

A

C

B

D

Reporting Category 4 – 3.4 (C) Number and Operations

☐ **¿Cuál grupo de monedas tiene un valor de 27¢? Marca tu respuesta.**

A

B

C

D

Reporting Category 4 – 3.4 (C) Number and Operations

☐ **¿Cómo debe Kirby contar estas monedas para saber cuánto dinero se muestra aquí? Marca tu respuesta.**

A 25, 35, 45, 50, 55, 56, 57

B 50, 60, 70, 75, 80, 81, 82

C 25, 30, 35, 36, 37, 38, 39

D 50, 60, 70, 80, 90, 1.00, 1.05

Reporting Category 4 – 3.4 (C) Number and Operations

☐ **Si Preston compra un libro por $1.25 y paga con el dinero que se muestra abajo, ¿cuánto cambio debería recibir? Marca tu respuesta.**

A    C

B    D

Reporting Category 4 – 3.4 (C) Number and Operations

☐ **¿Cuál grupo de billetes y monedas tiene el valor de $10.65. Marca tu respuesta.**

A

C

B

D

Reporting Category 4 – 3.4 (C) Number and Operations

☐ **¿Cuál grupo de monedas tiene un valor de $0.59? Marca tu respuesta.**

A

C

B

D

Reporting Category 4 – 3.4 (C) Number and Operations

☐ **¿Cuál es el valor total de la combinación de monedas? Marca tu respuesta.**

A $0.91

B $0.87

C $1.16

D $1.12

Reporting Category 4 – 3.4 (C) Number and Operations

Cuenta las monedas para saber cuánto dinero gasta Andrew en una soda.

Si tiene $1.95, ¿Cuánto dinero le sobra? Marca tu respuesta.

A

C

B

D

Reporting Category 4 – 3.4 (C) Number and Operations

¿Cuál es el valor total del dinero que se muestra? Marca tu respuesta.

A $10.55

B $1.30

C $10.30

D $1.55

Reporting Category 4 – 3.4 (C) Number and Operations

¿Cómo debe contar Misty estas monedas para saber cuánto dinero se muestra? Marca tu respuesta.

A   25, 35, 45, 50, 55

B   50, 60, 65, 75, 85

C   25, 30, 35, 40, 45

D   25, 35, 40, 50, 60

Reporting Category 4 – 3.4 (C) Number and Operations

¿Cuál grupo de monedas tiene un valor de $0.59? Marca tu respuesta.

A

C

B

D

Reporting Category 4 – 3.4 (C) Number and Operations

Cuenta las monedas para saber cuánto dinero gastó Janie en una feria del libro.

Si tenía $4.00, ¿cuánto dinero le queda? Marca tu respuesta.

A

C

B

D

Reporting Category 4 – 3.4 (C) Number and Operations

¿Cuál es el valor total de la combinación de monedas? Marca tu respuesta.

A $1.35

B $1.30

C $1.25

D $1.15

Reporting Category 4 – 3.4 (C) Number and Operations

☐ ¿Cuál es el valor total del dinero que se muestra? Marca tu respuesta.

A $6.15

B $2.20

C $16.15

D $6.20

Reporting Category 4 – 3.4 (C) Number and Operations

☐ La Sra. Masters compró una tarjeta de cumpleaños por $2.24. Si pagó con tres billetes de un dólar, ¿Cuánto dinero le deben regresar de cambio? Marca tu respuesta.

A

C

B

D

Reporting Category 4 – 3.4 (C) Number and Operations

☐ ¿Cómo debes contar las monedas para saber cuánto dinero se muestra? Marca tu respuesta.

A 50, 75, 80, 90, 96

B 50, 1.00, 1.10, 1.20, 1.30

C 50, 75, 85, 95, 96

D 50, 75, 85, 95, 1.00

Reporting Category 4 – 3.8 (A) Data Analysis

Un grupo de estudiantes hizo una tabla indicadora del número de autos que estaban en el estacionamiento de la escuela durante 4 días.

Lunes	ЖЖ ЖЖ
Martes	ЖЖ ЖЖ ||
Miércoles	ЖЖ |||
Jueves	ЖЖ ЖЖ

Cada línea indicadora significa 2 autos

¿Cuál gráfica coincide con el resultado de la tabla? Marca tu respuesta.

A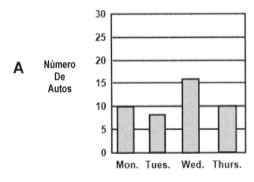

C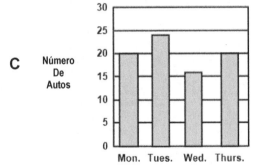

B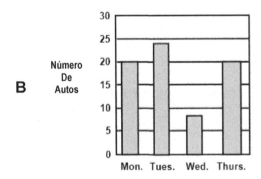

D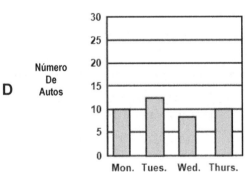

Reporting Category 4 – 3.8 (A) Data Analysis

La tabla muestra el número de computadoras en Madison Elementary.

COMPUTADORAS DE LA MADISON	
Lugar	No. de computadoras
Biblioteca	10
Lab. de Comp.	20
Oficina	7

¿Cuál gráfica coincide con información de la tabla? Marca tu respuesta.

A

(Cada 💻 significa 2 computadoras)	
Biblioteca	💻💻💻💻💻💻💻💻💻💻
Lab. de Comp.	💻💻💻💻💻💻💻💻💻💻
Oficina	💻💻💻💻💻💻💻

B

(Cada 💻 significa 2 computadoras)	
Biblioteca	💻💻💻💻💻
Lab. de Comp.	💻💻💻💻💻💻💻💻💻💻
Oficina	💻💻💻💻▌

C

(Cada 💻 significa 2 computadoras)	
Biblioteca	💻💻💻💻💻
Lab. de Comp.	💻💻💻💻💻💻💻💻💻💻
Oficina	💻💻💻▌

D

(Cada 💻 significa 2 computadoras)	
Biblioteca	💻💻💻💻💻
Lab. de Comp.	💻💻💻💻💻💻💻💻💻
Oficina	💻💻💻💻

Reporting Category 4 – 3.8 (A) Data Analysis

⬜ **Marcus y 3 de sus amigos guardan el registro del número de libros que leyeron durante octubre. Marcus leyó 6 libros, Brian leyó 3 libros, y Keith y Yuu leyeron 4 libros cada uno. ¿Cuál gráfica muestra esta información? Marca tu respuesta.**

A

Libros leídos

Brian	📖 📖 📖
Keith	📖 📖
Marcus	📖 📖 📖
Yuu	📖 📖

Cada 📖 significa 2 libros leídos

B

Libros leídos

Brian	📖 📖 📖
Keith	📖 📖 📖 📖
Marcus	📖 📖 📖 📖 📖 📖
Yuu	📖 📖 📖

Cada 📖 significa 2 libros leídos

C

Libros leídos

Brian	📖 📖
Keith	📖 📖
Marcus	📖 📖 📖
Yuu	📖 📖

Cada 📖 significa 2 libros leídos

D

Libros leídos

Brian	📖 📖 📖
Keith	📖 📖
Marcus	📖 📖 📖
Yuu	📖 📖 📖 📖

Cada 📖 significa 2 libros leídos

Reporting Category 4 – 3.8 (A) Data Analysis

Esta tabla muestra el número de mascotas del grupo del Sr. Chases.

MASCOTAS DE LOS ESTUDIANTES	
Tipo de mascota	Número de estudiantes
Gato	4
Perro	10
Pez	3
Hamster	2

¿Cuál gráfica coincide con la información de la tabla? Marca tu respuesta.

A
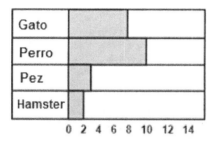

B
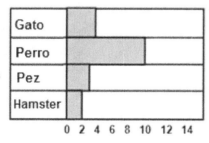

C
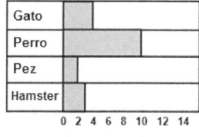

D
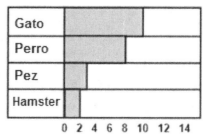

Reporting Category 4 – 3.8 (A) Data Analysis

La tabla muestra el color de auto favorito de los alumnos del Sr. Steven.

Color de auto favorito	
Color	Número de alumnos
Rojo	12
Negro	6
Blanco	4

¿Cuál gráfica coincide con información de la tabla? Marca tu respuesta.

A

B

C

D

Reporting Category 4 – 3.8 (A) Data Analysis

La tabla muestra el número de cada tipo de flor en el parque cercano a la casa de Dewann.

Flores en el parque

Rose	✿ ✿ ✿ ✿ ✿
Lilly	✿ ✿ ✿ ✿ ✿ ✿ ✿
Azalea	✿ ✿ ✿

Cada ✿ una representa 4 flores

¿Cuál gráfica coincide con la información de la tabla? Marca tu respuesta.

Flores en el parque

A

Rose	卌 卌 卌 卌
Lilly	卌 ||
Azalea	卌 卌

Flores en el parque

B

Rose	卌 卌 卌 卌
Lilly	卌 ||
Azalea	|||

Flores en el parque

C

Rose	卌
Lilly	卌 ||
Azalea	|||

Flores en el parque

D

Rose	卌 卌 卌 卌
Lilly	卌 卌 卌 卌 卌 |||
Azalea	卌 卌

☐ La tabla muestra el número de cada tipo de libro que leyó Miki el mes pasado.

Libros Reídos

Ficción	📖 📖 📖 📖
No Ficción	📖 📖 📖
Biografía	📖

Cada 📖 una representa 3 libros

¿Cuál gráfica coincide con información de la tabla? Marca tu respuesta.

Libros Reídos

A

Ficción	4
No Ficción	3
Biografía	1

Libros Reídos

B

Ficción	12
No Ficción	9
Biografía	1

Libros Reídos

C

Ficción	12
No Ficción	9
Biografía	3

Libros Reídos

D

Ficción	4
No Ficción	3
Biografía	3

Reporting Category 4 – 3.8 (A) Data Analysis

☐ El Sr. Taylor les pidió a sus alumnos elegir su vegetal favorito de una lista de 4 vegetales. Las zanahorias y los guisantes recibieron 2 votos cada uno, el maíz recibió 14 votos, y los frijoles recibieron 4 votos. ¿Cuál gráfica muestra esta información? Marca tu respuesta.

Vegetales Favoritos

A

Maíz	☺ ☺ ☺ ☺ ☺ ☺ ☺
Zanahorias	☺ ☺
Frijol	☺ ☺ ☺ ☺
Guisantes	☺ ☺

Cada ☺ significa 4 votos

Vegetales Favoritos

B

Maíz	☺ ☺ ☺ ☾
Zanahorias	☾
Frijol	☺
Guisantes	☾

Cada ☺ significa 4 votos

Vegetales Favoritos

C

Maíz	☺ ☺ ☺ ☺ ☺ ☾
Zanahorias	☾
Frijol	☺
Guisantes	☺

Cada ☺ significa 4 votos

Vegetales Favoritos

D

Maíz	☺ ☺ ☺ ☺ ☺ ☺ ☺ ☺ ☺ ☺ ☺ ☺ ☺ ☺
Zanahorias	☺ ☺
Frijol	☺ ☺ ☺ ☺
Guisantes	☺ ☺

Cada ☺ significa 4 votos

Reporting Category 4 – 3.8 (B) Data Analysis

Amy está haciendo una gráfica con la altura de algunos animales.

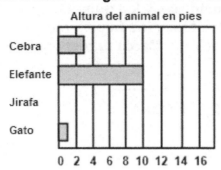

Si la jirafa es 9 pies más alta que la cebra, ¿Cuál barra se puede ocupar para completar la gráfica de Amy? Marca tu respuesta.

A
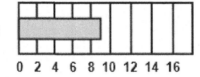

B
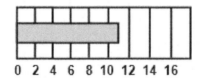

C
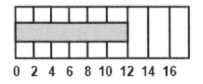

D
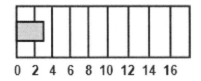

Reporting Category 4 – 3.8 (B) Data Analysis

Las gráficas muestran la cantidad de dinero que Keith y Rick ahorraron al principio del año y al final del año.

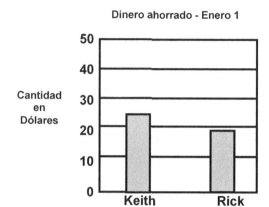

Dinero ahorrado - Enero 1

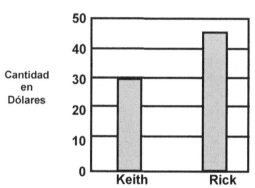

Dinero ahorrado – Diciembre 31

Para el 31 de diciembre ¿cuánto dinero había agregado Rick a sus ahorros, desde el 1 de enero? Marca tu respuesta.

A $45

B $30

C $65

D $25

Reporting Category 4 – 3.8 (B) Data Analysis

La gráfica muestra el resultado de la encuesta en Morrison Elementary. Se preguntó a los alumnos cuál era su animal de zoológico favorito.

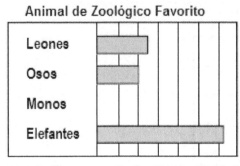

Animal de Zoológico Favorito

El mono recibió 6 votos menos que el elefante y el doble de los votos de los osos. ¿Cuál barra puede usarse para completar la gráfica? Marca tu respuesta.

A

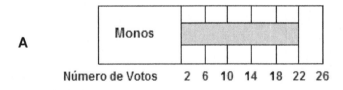

B

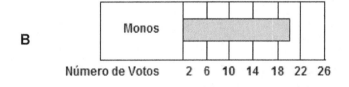

C

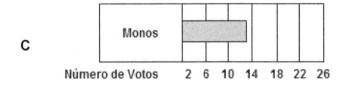

D

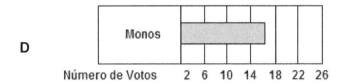

Reporting Category 4 – 3.8 (B) Data Analysis

☐ **La gráfica muestra el número de estudiantes de tercer grado, que juegan deportes. ¿Cuál es el número total de estudiantes que juegan soccer? Marca tu respuesta.**

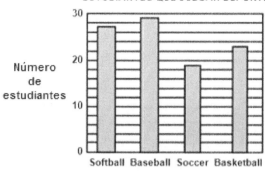

A 20

B 19

C 27

D 23

Reporting Category 4 – 3.8 (B) Data Analysis

☐ **La gráfica muestra el número de estudiantes que trajeron su almuerzo durante una semana. ¿Qué día hubo entre 11 y 17 estudiantes que trajeron su almuerzo? Marca tu respuesta.**

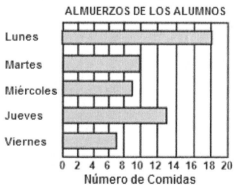

A Lunes

B Viernes

C Martes

D Jueves

Reporting Category 4 – 3.8 (B) Data Analysis

☐ La gráfica muestra el número de estudiantes que cumplen años en los meses de otoño. ¿Cuál es el número total de estudiantes que cumplen años durante octubre y enero? Marca tu respuesta.

CUMPLEAÑOS DE LOS ALUMNOS

A   21

B   3

C   13

D   9

Reporting Category 4 – 3.8 (B) Data Analysis

☐ La gráfica muestra las notas de matemática de Arin, durante 2 meses. ¿Cuáles dos fechas no cambian los grados de Arin. Marca tu respuesta.

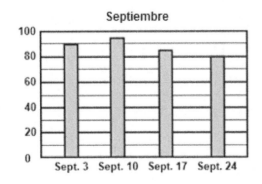

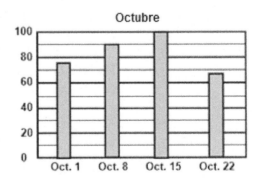

A   Oct. 1 y Sept. 24

B   Sept. 10 y Oct. 8

C   Oct. 8 y Sept. 3

D   Sept. 24 y Oct. 22

Name _____

Reporting Category 4 – 3.8 (B) Data Analysis

☐   La gráfica muestra el número de estudiantes que fueron de excursión el año pasado. ¿Cuántos alumnos visitaron la estación de bomberos? Marca tu respuesta.

A   55

B   25

C   30

D   20

Reporting Category 4 – 3.8 (B) Data Analysis

☐   La gráfica muestra el resultado de una encuesta en la escuela de Greg. Los alumnos respondieron cómo utilizan su tiempo libre cuando no están en la escuela. ¿En cuál actividad participan 17 estudiantes del programa extraescolar? Marca tu respuesta.

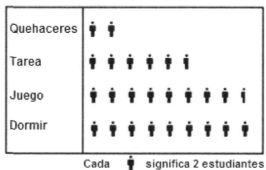

A   Dormir

B   Juego

C   Tarea

D   Quehaceres

Name _____

Reporting Category 4 – 3.8 (B) Data Analysis

☐ **La gráfica muestra el peso de los perros de Toby en febrero y mayo. ¿Cuántas libras ganó Rufus de febrero a mayo? Marca tu respuesta.**

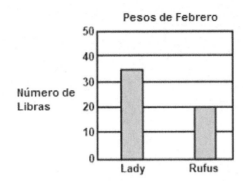

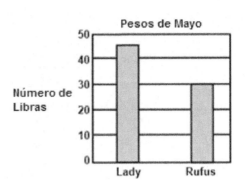

A   30

B   20

C   10

D   50

Reporting Category 4 – 3.8 (B) Data Analysis

☐ **La gráfica muestra el record de bateo de Bradley por un mes.**

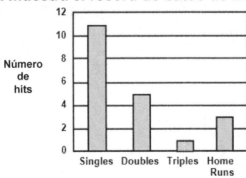

¿Cuál de las siguientes afirmaciones representa a Bradley haciendo entre 2 y 4 hits? Marca tu respuesta.

A   Triples

B   Home Runs

C   Singles

D   Dobles

Reporting Category 4 – 3.8 (B) Data Analysis

☐ La gráfica muestra los resultados de una encuesta para encontrar el dulce favorito de los alumnos del Sr. Walker, de tercer grado.

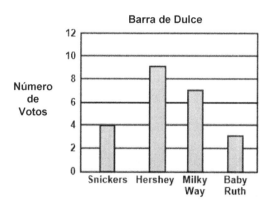

Barra de Dulce

¿Cuál es el total del número de votos emitidos en la encuesta? Marca tu respuesta.

A   24   C   13

B   21   D   23

Reporting Category 4 – 3.8 (B) Data Analysis

☐ La gráfica muestra el número de nuevos estudiantes inscritos en la Meadows Elementary durante el primer semestre.

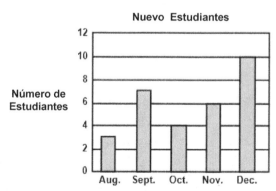

Nuevo Estudiantes

Durante cuáles dos meses inscribió la escuela entre 5 y 9 estudiantes? Marca tu respuesta.

A   Septiembre y Octubre   C   Agosto y Septiembre

B   Noviembre y Septiembre   D   Noviembre y Agosto

Reporting Category 4 – 3.8 (B) Data Analysis

La gráfica muestra el número de bicicletas estacionadas en dos soportes de bicicleta, la semana pasada.

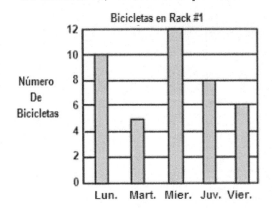

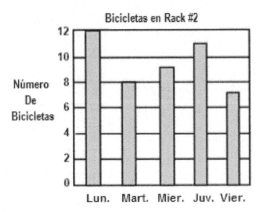

¿Cuántas bicicletas más se estacionaron el jueves en el soporte #2, que el jueves en el soporte #1? Marca tu respuesta.

A   19   C   3

B   4   D   7

Reporting Category 4 – 3.8 (B) Data Analysis

La tabla muestra el número de libros que leen los estudiantes de segundo y tercer grado.

Segundo Grado

Nombre del estudiante	Número de Libros
Gregory	80
Raul	50
Cornelius	65
Brittany	78

Tercer Grado

Nombre del estudiante	Número de Libros
Gregory	90
Raul	80
Cornelius	95
Brittany	100

¿Cuántos libros leyeron en total Raúl y Brittany? Marca tu respuesta.

A   208   C   180

B   308   D   128

3.2 (A)

Page 1 .... B, D, B

Page 2 .... A, B, C

Page 3 .... D, C, D

Page 4 .... D, C, B

Page 5 .... B, A, D

Page 6 .... C, D, C

Page 7 .... B, D, D

Page 8 .... B, B, A

3.2 (B)

Page 9 .... D, C, B, C

Page 10 .... D, B, A

Page 11 .... D, B, A, B

Page 12 .... D, B, C, C

Page 13 .... A, A, C

Page 14 .... C, B, C

Page 15 .... B, B, A, A

Page 16 .... D, D, A

3.2 (C)

Page 17 .... C, C, B

Page 18 .... C, D, D, D

Page 19 .... D, D, B

Page 20 .... C, B, B, B

Page 21 .... A, C, B

Page 22 .... A, C, B, D

Page 23 .... A, C, B, D

Page 24 .... A, B, C

3.2 (D)

Page 25 .... A, B, B

Page 26 .... D, D, B

Page 27 .... A, B, C

Page 28 .... A, B, D

Page 29 .... C, C, D

Page 30 .... A, D, B

Page 31 .... C, A, C

3.3 (A)

Page 32 .... C, D, A

Page 33 .... A, C, B

Page 34 .... D, A, B

Page 35 .... B, B, A

Page 36 .... D, D, C

Page 37 .... D, C, A

Page 38 .... B, D, B

Page 39 .... B, A, D

3.3 (B)

Page 40 .... B, D, B

Page 41 .... A, B, D

Page 42 .... B, D, B

Page 43 .... C, A, A

Page 44 .... B, A, C

Page 45 .... C, C, A

Page 46 .... B, A, D

Page 47 .... C, A, C

3.3 (C)

Page 48 .... D, A, C

Page 49 .... A, C

Page 50 .... C, B, B

Page 51 .... D, D

Page 52 .... C, D, A

Page 53 .... D, B

Page 54 .... C, C, A

Page 55 .... B, D

3.3 (D)

Page 56 .... B, A, C

Page 57 .... D, B, A

Page 58 .... D, B, C

Page 59 .... D, B, C

Page 60 .... D, C, B

Page 61 .... B, D

Page 62 .... D, A

Page 63 .... D, C

3.2 (E)

Page 64 .... B, C, C

Page 65 .... A, C, B

Page 66 .... D, B, C

Page 67 .... D, B, B

Page 68 .... A, B, A

Page 69 .... D, B, C

Page 70 .... A, D, B

Page 71 .... A, C, D

3.3 (F)

Page 72 .... A, D, B

Page 73 .... B, A, B

Page 74 .... D, B, B

Page 75 .... D, B, A

3.3 (G)

Page 76 .... A, B, D

Page 77 .... C, D, C

Page 78 .... B, B, C

Page 79 .... B, D, B

Page 80 .... A, B, A

Page 81 .... D, D, A

Page 82 .... B, A, D

Page 83 .... C, C, B

3.3 (H)

Page 84 .... A, B, D

Page 85 .... C, B, B

Page 86 .... C, A, A

Page 87 .... D, B, A

Page 88 .... B, C, A

Page 89 .... B, A, D

Page 90 .... D, B, C

Page 91 .... C, B, D

3.4 (I)

Page 92 .... B, B, A

Page 93 .... A, B, D

Page 94 .... C, D, C

Page 95 .... A, B, B

Page 96 .... D, B, A

Page 97 .... C, A, C

Page 98 .... C, C, C

3.7 (A)

Page 99 .... D, B, B

Page 100 .... B, D, C

Page 101 .... D, B, C

Page 102 .... C, B, D

Page 103 .... D, B, A

Page 104 .... C, C, A

Page 105 .... B, B, D

Page 106 .... A, D, D

3.4 (A)

Page 107 .... B, C, C

Page 108 .... C, D, B

Page 109 .... C, D, A

Page 110 .... B, D, B

Page 111 .... B, A, B

Page 112 .... C, C, A

Page 113 .... B, C, A

Page 114 .... A, B, A

3.4 (B)

Page 115 .... B, B, A

Page 116 .... C, B, D

Page 117 .... B, D, A

Page 118 .... C, A, B

3.4 (D)

Page 119 .... B, D, C

Page 120 .... B, D, B

Page 121 .... C, D, A

Page 122 .... D, A, C

3.4 (E)

Page 123 .... D, C, C

Page 124 .... A, B, C

Page 125 .... C, A, D

Page 126 .... B, A, C

Page 127 .... D, D, A

Page 128 .... B, B, D

Page 129 .... D, C, B

Page 130 .... D, C, B

3.4 (F)

Page 131 .... A, D, B

Page 132 .... D, A, D

Page 133 .... C, A, D

Page 134 .... C, C, A

Page 135 .... B, D, D

Page 136 .... C, D, A

Page 137 .... D, B, D

Page 138 .... C, A, A

3.4 (G)

Page 139 .... D, C, A

Page 140 .... D, B, B

Page 141 .... C, A, C

Page 142 .... A, B, C

Page 143 .... B, C, D

Page 144 .... C, B, A

Page 145 .... B, B, B

Page 146 .... C, D, D

3.4 (H)

Page 147 .... B, D

Page 148 .... A, C

Page 149 .... C, B

Page 150 .... A, A

3.4 (J)

Page 151 .... B, D, B

Page 152 .... B, B, A

Page 153 .... D, D, B

Page 154 .... B, C, A

3.4 (K)

Page 155 .... C, B, A

Page 156 .... C, D, A

Page 157 .... B, C, C

Page 158 .... D, A, C

Page 159 .... D, A, B

Page 160 .... C, D, D

Page 161 .... D, D, C

Page 162 .... C, C, B

3.5 (A)

Page 163 .... A, D, B

Page 164 .... C, C, B

Page 165 .... B, B, A

Page 166 .... B, D, A

Page 167 .... C, B, D

Page 168 .... C, A, B

Page 169 .... C, D, A

Page 170 .... C, C, D

3.5 (B)

Page 171 .... D, C, B

Page 172 .... A, B, D

Page 173 .... B, B, C

Page 174 .... A, C, D

Page 175 .... D, C, B

Page 176 .... B, A, D

Page 177 .... D, B, A

Page 178 .... B, C, D

3.5 (C)

Page 179 .... B, A, D

Page 180 .... C, A, D

Page 181 .... B, C, A

Page 182 .... A, D, A

Page 183 .... C, B, D

Page 184 .... A, B, D

Page 185 .... B, A, D

Page 186 .... C, A, B

3.5 (D)

Page 187 .... D, A, C

Page 188 .... C, A, D

Page 189 .... D, A, D

Page 190 .... B, B, D

Page 191 .... B, C, D

Page 192 .... C, B, D

Page 193 .... B, C, D

Page 194 .... B, C, C

3.5 (E)

Page 195 .... D, C, B

Page 196 .... D, D, A

Page 197 .... B, A, D

Page 198 .... A, B, B

3.6 (A)

Page 199 .... B, D, C

Page 200 .... D, A, B

Page 201 .... B, B, A

Page 202 .... B, A, B

3.6 (B)

Page 203 .... A, A, D

Page 204 .... C, A, B

Page 205 .... B, C, C

Page 206 .... A, D, C

Page 207 .... B, A, D

Page 208 .... C, B, A

Page 209 .... C, B, D

Page 210 .... D, C, B

3.6 (C)

Page 211 .... C, D

Page 212 .... B, A

Page 213 .... C, D

Page 214 .... B, D

Page 215 .... C, B

Page 216 .... D, A

Page 217 .... C, B

Page 218 .... D, C

3.6 (D)

Page 219 .... C, B, A

Page 220 .... A, A, C

Page 221 .... B, D, C

Page 222 .... D, A, C

Page 223 .... B, D, A

Page 224 .... B, C, A

Page 225 .... B, A, D

Page 226 .... A, D, C

3.6 (E)

Page 227 .... A, C, D

Page 228 .... C, B, C

Page 229 .... A, C, D

Page 230 .... A, B, B

3.7 (B)

Page 231 .... D, A, D

Page 232 .... C, A, B

Page 233 .... C, A, C

Page 234 .... D, D, B

3.7 (C)

Page 235 .... C, D, C

Page 236 .... B, C, A

Page 237 .... A, B, C

Page 238 .... A, B, B

Page 239 .... C, A, C

Page 240 .... C, B, C

Page 241 .... B, C, A

3.7 (D)

Page 242 .... B, A, D

Page 243 ……..... C, B, D	**Page 268** ……..... C
Page 244 ……..... B, D, B	**Page 269** ……..... B
Page 245 ……..... C, B, A	**Page 270** ……..... A
Page 246 ……..... D, A, B	**Page 271** ……..... D
Page 247 ……..... C, D, A	**Page 272** ……..... C
Page 248 ……..... B, C, D	**Page 273** ……..... B
Page 249 ……..... A, C, D	

3.7 (E)

3.8 (B)

Page 250 ……..... B, C, A	**Page 274** ……..... C
Page 251 ……..... C, D, C	**Page 275** ……..... D
Page 252 ……..... D, A, D	**Page 276** ……..... B
Page 253 ……..... B, C, B	**Page 277** ……..... B, D
Page 254 ……..... D, A, C	**Page 278** ……..... D, C
Page 255 ……..... A, D, B	**Page 279** ……..... C, B
Page 256 ……..... D, C, D	**Page 280** ……..... C, B
Page 257 ……..... C, D, A	**Page 281** ……..... D, B
	Page 282 ……..... C, B

3.4 (C)

Page 258 ……..... C, D, C
Page 259 ……..... B, A, D
Page 260 ……..... D, C, C
Page 261 ……..... B, B, C
Page 262 ……..... C, A, D
Page 263 ……..... B, C, C
Page 264 ……..... B, D, A
Page 265 ……..... D, C, D

3.8 (A)

Page 266 ……..... C
Page 267 ……..... C

Made in the USA
Coppell, TX
05 November 2022

85806610R00164